本书为湖南省哲学社会科学基金（15YBA268）的研究成果
获湖南师范大学教育学“双一流”学科资助

自知者明：自我欺骗消退的理论与实证研究

刘 娟 著

湘潭大学出版社

序　言

自我欺骗，简称自欺，是个体在面对相反证据时，仍会坚持自我的一种积极信念。自我欺骗发生在人们每天的生活中，许多耳熟能详的典故就是自我欺骗的事例，如阿Q精神胜利法、掩耳盗铃、指雁为羹、皇帝的新装、吃不着葡萄说葡萄酸等。人为什么要欺骗自己？自我欺骗有着怎样的认知机制？自我欺骗的具体定义是什么，有着怎样的分类？欺骗与自我欺骗关系如何？自我欺骗对个体和社会有着什么样的影响？我们如何辩证看待自我欺骗对个体和社会的影响？如何消退自我欺骗？有一些研究揭示并证实了自我欺骗对个体和社会的积极作用，也有一些研究发现自我欺骗对个体和社会有着消极作用。短期来看，自我欺骗对个体是有益的，但是从长远来看，个体将会为此付出巨大的代价。自我欺骗的积极作用是短暂的即时奖赏，而长期的自我欺骗有着消极作用，会造成个体巨大的损失，甚至发生社会性的灾难。消退这种代价高昂的自我欺骗，从而阻碍其消极作用，是至关重要的。因此，探究如何消退这种代价高昂的自我欺骗具有重大的理论意义和现实意义，不仅有助于个体和组织更好地监管自我和他人的自我欺骗行为，而且能进一步减轻自我欺骗对个体和社会的危害，进而促进个体和社会的健康发展。

本书根据前人对自我欺骗的研究成果，从定义、分类、研究、方法、认知机制、与欺骗的共生关系、积极作用、消极作用等对自我欺骗进行了详细论述，并采用前瞻性范式，通过消极反馈和作弊妨碍（自我欺骗发生前的不道德行为干预）揭示自我欺骗的消退机制。本书共八章，分为三个部分展开阐述。

第一部分，自我欺骗概述。这一部分阐述了自我欺骗的定义、分类和研究方法，梳理了自我欺骗回顾性和前瞻性的研究范式，让读者能够清晰地认知自我欺骗。详细分析了个体内视角自我欺骗的研究和人际间视角自我欺骗的研究，剖析了欺骗与人际间视角自我欺骗的逻辑关系，揭示了人际间视角自我欺骗心理现象的规律。进化心理学家认为，自我欺骗进化核心假设是：自我欺骗是为了更好地欺骗他人，自我欺骗者可以在没有认知负荷、意识压抑、紧张情绪的情况下更好地欺骗他人。欺骗与自我欺骗就如同一枚硬币的正反两面，欺骗别人就是变相地欺骗自己。这部分内容能让读者更好地甄别自我欺骗，并理解个体内视角和人际间视角自我欺骗发生的机制，有助于人们深化认知自我欺骗的心理现象。

第二部分，自我欺骗消退的研究概述。第二章分析了自我欺骗对个体和社会的积极作用和消极作用，提出用辨证的视角来审视自我欺骗对个体的积极作用，并引申出自我欺骗消退研究的必要性。自我欺骗消退的研究是为了阻碍自我欺骗的消极作用，具有重大的理论和现实意义。第三章阐述了自我欺骗消退的相关研究及理论依据。第四章阐述了消极反馈、作弊妨碍、竞争情境、自尊等消退自我欺骗的影响因素。这部分内容帮助读者正确理解自我欺骗在社会生活中的作用，有助于读者认识消退自我欺骗的必要性，并了解消退自我欺骗的途径。

第三部分，自我欺骗消退的实证研究。第五、六、七、八章，主要阐述自我欺骗消退的研究方法和实际意义，系统地考察了不同消极反馈（模糊消极反馈、真实消极反馈）、作弊妨碍、自尊等因素对自我欺骗消退的影响，并构建了自我欺骗消退的条件模型，揭示了消极反馈和作弊妨碍对自我欺骗消退的作用机制。

本研究结果对于应对自我欺骗的消极作用有着重要的启示。自知者明，旁观者清，我们应该珍视那些来源于自我和他人反馈的真实信念。不道德行为干预和社会的道德信念标准可以促进自我欺骗的消退。长期的自我欺骗对个体和社会有着消极作用，自我欺骗的消退有利于个体的长期发展，但是，这并不意味着我们任何时候都需要消退自我欺骗来促进个体发展，辩证地审视自我欺骗的消退是非常重要的。

本书不仅可以让读者从理论上了解自我欺骗的相关知识，还可为读者提供减少或消退自我欺骗的实证方法，具有科普性、理论性和实证性。不仅适合于心理学、心理健康教育、社会学等专业研究者阅读，也适合对自我欺骗感兴趣的大众读者，帮助读者更好地认知自我。

本书在写作过程中得到了博士生导师钟毅平教授的悉心指导，在此表示衷心的感谢。在出版过程中，感谢出版社编辑的辛勤校稿。感谢家人的支持、老师们的教导、朋友们的陪伴……

由于笔者水平有限，书中可能存在疏漏错误之处，恳请读者不吝赐教。

刘　娟

2021 年 4 月 25 日于湖南师范大学

目 录

第一章　自我欺骗概述

第一节　自我欺骗的相关概念及研究范式

一、自我欺骗的定义

自我欺骗，简称自欺。自我欺骗发生在人们日常生活中，许多耳熟能详的生活典故就是自我欺骗的事例，如阿 Q 精神胜利法、掩耳盗铃、指雁为羹、皇帝的新装、吃不着葡萄说葡萄酸等。近年来，一些哲学家、心理学家、神经科学家和进化生物学家等都对自我欺骗进行过探究（Hrgović & Hromatko, 2018），存在各种不同的见解。心理学、哲学、经济学等领域对自我欺骗的本质有着许多争议。一些学者曾批判过自我欺骗的概念，将其视为一个站不住脚的矛盾：个体对一个信念不可能同时知道和不知道（Haight, 1980；Paluch, 1967）；有些学者认为自我欺骗是可能存在的，符合心理模块性理论（Robert Kurzban, 2010）；还有些学者用一些同义词或近义词来代替自我欺骗，例如否认（denial）（Philip M. Fernbach，2014）、积极错觉（positive illusions）（Johnson，2004；Taylor & Brown，1989；Shelley E. Taylor & Armor，1996）、过分自信（overconfidence）（Anderson，2012）、分离（dissociation）（Frost，2001；C. D. Lynn，2005）、认知失调（Pongs，2018）等。

自我欺骗是复杂且多维的（Bachkirova，2016），迄今为止，学者对自我欺骗的内涵有不同的观点。目前，学术界对自我欺骗的定义虽然还未达成一致，但是普遍认为它是个体在特定情境中表现出的一种积极信念，可从意识和行为层面分为三种类型进行阐述。第一种自我欺骗研究的先驱者 Gur 和 Sackeim（Gur，1979），把自我欺骗定义为同时维护两个相反的信念。也就是说，个体受到动机的驱动，意识到错误的信念，并把真实信念存放在无意识当中，自我欺骗是一种对真实信念扭曲的错误信念（Jordan，2019；Mele，2001）。第二种自我欺骗是为了达到某个期待的特质或动机，个体的信念和实际行为、生理反应产生分离，在主观报告中表现出对实际行为、生理反应的否认（Quattrone & Tversky，1984；Sloman，Fernbach，& Hagmayer，2010）。第三种自我欺骗是在面对相反证据时，个体仍会坚持自我的一种积极信念（Chance，Norton，Gino，& Ariely，2011；van der Leer & McKay，2016）。

综合以上观点，本研究认同自我欺骗是在面对相反证据时，个体仍会坚持自我的一种积极信念。许多关于自我评价偏差的研究认为，人们有高估自己的能力或认为自己比真实自我做得更好的动机（Burson，Larrick，& Klayman，2006）。这种动机是如此强烈，以至于大多数人忽视或合理化自己的消极信息来维持自我的积极信念（Norton，2009），比如高估自己的实际能力所表现出的过度自信就是自我欺骗的一种形式（Li，Szolnoki，Cong，& Wang，2016）。但也不是所有的过度自信、积极信念都是自我欺骗，只有当面对相反证据时，还依旧坚持积极的自我信念与评价，才是自我欺骗。

二、自我欺骗的分类

（一）无意识与有意识的自我欺骗

研究者们常从意识的角度来研究自我欺骗，把自我欺骗分为无意识的自我欺骗和有意识的自我欺骗，而当前研究的自我欺骗通常是指无意识的自我欺骗。个体虽然接触到真实的情况（R），但还是会相信与真实情况相矛盾的信念（C）。该理论提供了一种哲学困境，人是如何同时持有矛盾的信念，这称为“静态”悖论（Mele，1988；Mele，2001）。一种解决方案认为，R 是无意识的，而 C 是有意识的（Trivers，2000），但批评人士质疑，如果 R 是无意识的知道，那么知道的程度又能有多少（Pinker，2011）？另一种情况，有时候否定 R 是为了支持 C，这是一个有目的的过程，相信 C 是有好处可得的（Mele，2001）。Trivers（2000）的基础进化模型认为，自我欺骗让信仰 C 的人描述更有利于自我的一面，没有表现出“诉说”与欺骗认知负荷相联系有关 R 的内容。这是悖论的问题：保持对真相的无知，尤其是在 C 是有动机和策略的情况下，如何战略性地选择 C 而没有意识到 R？一种解答是认识到时间因素的存在，当一个人可能曾经知道 R，随着时间的推移，积极选择 C，而遗忘 R。另外一种解释是通过分离（Lynn，2005）和大脑模糊化（Kurzban，2010），R 和 C 彼此都具有心理的分区。最终证实当事人的确有困难意识到 R，尤其当持有的 C 是为了逃避关于自我不愉悦的事实时。最近的研究发现，道德的自我信念与自我欺骗增强相关，并且很大程度上与更多的个人自我意识相关（Lu & Chang，2011；Lynn，Pipitone，& Keenan，2014）。如图 1－1 所示，表格中分 1、2、3、4 等级，数字越大自我欺骗水平越高，高自我意识产生低水平的自我欺骗，低自我意识产生高水平的自我欺骗。

	自我欺骗 (SD)+	自我欺骗 (SD)-
自我意识 (SC)+	SC+SD+　3	SC+SD-　1
自我意识 (SC)-	SC-SD+　4	SC-SD-　2

SC+SD- / SC-SD- / SC+SD+ / SC-SD+
1　2　3　4

图 1-1　自我欺骗与自我意识的关系模型

（引自 C.D.Lynn, Pipitone, R.N., & Keenan, J.P, 2014）

有意识的自我欺骗是指个体虽然对真实信息和错误信息都有意识，但是由于某种动机的驱动，个体以自我服务偏向的方式，通过自我控制与调节，有意识地相信矛盾信念C而否定真实信息R，把有意识的真实信息R逐渐转变为无意识，最终因为自己的有意识行为而自我欺骗（Lynch，2017）。一个被告知自己患癌症（真实信息R）的病人，通过发挥自己强大的自我控制与调节，积极地相信自己的病情没那么严重（矛盾信念C），将自己患癌症的这个信息逐渐转变为无意识。这种自我欺骗会帮助病人从心理上摆脱疾病的困扰，从而最大可能地保持良好的精神状态。

（二）个体内视角与人际间视角自我欺骗

自我欺骗的研究可以从个体内（intrapersonal）和人际间（interpersonal）两个视角来进行，现在大部分研究成果是从个体内的视角出发，研究自我欺骗是如何发生的，如何影响个体的情绪、认知、动机、决策等。进化生物学家Robert Trivers在《自私的基因》一书的序言中写到，自我欺骗的出现是个体为了更好地欺骗他人，自此，研究自我欺骗的视角拓展到了人际间。人际间视角下的自我欺骗被看成人际间互动的一种策略，当欺骗他人的收益大于自我欺骗的损失时，自我欺骗便在人类进化的过程中产生了。个体内视角下的自我欺骗有着帮助个体抵御威胁自我形象信息的作用，增强个体的自信心和控制感，但如果仅是为了防御负面信息或提升自我，运用其他的心理机制就足够了，根本不需要发展出自我欺骗这个机制。人际间视角下的自我欺骗，是为了让他人相信我是一个能力好、道德高的人，即自我欺骗是为了更好地欺骗他人（陆慧菁，2012）。我们为什么要通过欺骗自己的方式去欺骗他人，从而呈现一个好的个体自我呢？最终的目的还是服务于自我，让自己获得应有的社会资源，并看到一个理想或者更完善的自我。

（三）状态性视角与特质性视角自我欺骗

自我欺骗还可以分为状态性的和特质性的。状态性的自我欺骗被视为一种用来调整个体心理状态的认知策略（Fan，Yang，Liu，& Fu，2017），以此来防御外界的消极信息，实现自我增强，维护一个积极的自我信念

（Greenwald，1980；Sedikides & Strube，1997）；而特质性的自我欺骗通常被视为一种稳定的人格特质，可以使用自我欺骗量表（SD）来进行测量（Paulhus，1984）。

三、自我欺骗的实证研究方法

迄今为止，自我欺骗的实证研究主要有量表测量和实验室研究两种方法。早期自我欺骗的测量是通过社会赞许量表（BIRD）中自我欺骗（SD）和印象管理（IM）这两个分量表来实现的，这被广泛地用于测量特质性的自我欺骗。自我欺骗的实验研究方法主要包括回顾性范式（retrospective paradigm）和前瞻性范式（forward - looking paradigm）。在回顾性范式中，被试在实验后，对自己过去的行为进行回忆并进行主观报告，用这种主观报告与真实行为的不一致来考察自我欺骗，如声音识别、疼痛、点跟踪、两次回忆范式；前瞻性范式则是通过设置答案提示诱使被试作弊取得好的成绩，来建立对自我的积极信念并高估未来的成绩来考察自我欺骗。

（一）自我欺骗的量表测量

社会赞许性是指个体为获得社会或他人的接受和赞赏，而使自己的态度、行为符合所在文化或社会的价值、规范的人格倾向性（李强，徐晟，李凌，黄艳，& 徐旻，2012）。社会赞许性反应的行为可以通过量表进行测量，简称为 BIDR 量表（Balanced Inventory of Desirable Responding）。Sackeim 和 Gur（1978）把社会赞许性反应分为自我欺骗和欺骗他人，并编制了欺骗他人问卷（ODQ）和自我欺骗问卷（SDQ）组成的社会赞许性反应均衡量表（BIDR）。该量表基于精神分析理论，假设个体心理倾向于否定遭受威胁的想法和情感，有意夸大自我评价并相信拥有这些特质，自我欺骗、有意识地歪曲自我评价来欺骗他人，比如否定憎恨自己的父母、享受排便、有着性幻想等。Paulhus（1984）认为 Sackeim 和 Gur（1978）所提出的欺骗他人是个体在面对社会时的一种积极习惯性的自我呈现，属于人格的一个部分，因而把欺骗他人修订成了印象管理（IM），即个体过高评价他们可取的行为表现，而过低评价他们不可取的行为表现。另外，自我欺骗量表（SDE）从之前的自我防卫转向积极自我评价的自我增强。因此，Paulhus（1984）认为社会赞许可以分为两个概念：自我欺骗——无意识倾向于描述对自我有利的方面，表现出积极的偏差但是依然真诚地相信自我的描述；印象管理——有意识、有目的地在公共场合改变一个人的形象是为了让他人感受到好的品质。

BIDR（Paulhus，1984）总共包含40个题项，1—20题是印象管理的题项，20—40题为自我欺骗的题项，均为“不符合”至“非常符合”7分量表，中文版量表取自《心理卫生评定量表手册》。相比Sackeim和Gur（1978）提出的自我欺骗和欺骗他人的题项。Paulhus还进行了两个方面的修订：一方面，用减分项去平衡分数（减分项目中，选择6或7的值就减一分，SDE和IM的总分均为0—20分），另外一方面，替代了精神分析的题项。近年来，该自我欺骗增强量表被西方国家广泛使用，通过积极的高自我评价来呈现个体自我增强，自我欺骗的个体差异呈现一种稳定的、内向的、无意识机制，以保持理想的自我评价（Uziel & Cohen，2020）。在不同的文化背景下，社会赞许反应行为是不同的。廖玲燕进行了社会赞许反应量表的本土化，由18道“自我欺骗”的正向题和22道“印象管理”的反向题组成，具有良好的信效度（甄育玲，2011）。国内有部分学者在前人研究的基础上，对社会赞许反应行为的量表进行了修订与编制。甄育玲（2011）在其硕士论文中，对廖玲燕的社会赞许性反应量表进行了修订，量表包括37道正负向题，前面18道为“自我欺骗”的正向计分题，后面19道为“印象管理”反向计分题。李强等人（2012）基于Paulhus（2002）的双层模型，把社会赞许反应量表分为自我欺骗增强（6题）、自我欺骗否定（11题）、能动性管理（8题）、交流性管理（10题）四个维度，并把修订好的量表重新命名为“中国成年人多维社会赞许性量表”。

综上所述，自我欺骗的测量主要是通过社会赞许性反应量表中自我欺骗分量表来进行的。自我欺骗可视为一种人格特质，也可称为特质性自我欺骗，可用该量表进行测量并反映自我欺骗的个体差异，但是该量表是否能准确地测量自我欺骗，仍然需要进一步验证。国内研究者通过该量表对自我欺骗的测量进行了一些探究，但还需要之后研究者们将该量表进行更广泛的应用和更深入的验证。

（二）自我欺骗的实验方法

1. 声音识别范式

Sackeim 和 Gur 都相信自我欺骗不仅有一套甄别标准，而且还可以通过实验的方式来证明自我欺骗的存在（Gur，1979）。自我欺骗的甄别标准包括：（1）同时持有两个相矛盾的信念，但是，只有其中一个信念能够被意识到；（2）在相矛盾的信念中，哪一个会被意识到取决于个体的动机。声音识别实验要求被试从一系列的声音中辨别自己和他人的声音，并报告“我的”或“不是我的”。同时，通过测谎仪测量被试听到声音时的皮肤电位反应，以此辨别声音的真实归属。这个实验可以得到被试对声音辨别的两个结果：一个是主观报告，一个是通过测谎仪测出的真实归属。收到消极反馈的被试倾向于把自己的声音辨别为他人的，而收到积极反馈的被试不会否认自己的声音。这种错误否认符合研究者对自我欺骗的定义，是逃避自我对质的需要。当消极反馈使个体的自尊受到威胁时，这种错误否认可能会增加，个体的自我欺骗需求就可能被诱发。这些实验证实了自我欺骗的存在，但是不能去解释更广泛类型的自我欺骗。尽管此后有研究者对皮肤电位反应能否准确判断声音的归属有着不同的看法，但是这种实验范式也成为探讨自我欺骗的经典之作，之后的研究者也通过这种主观报告和生理反应的不一致来考察自我欺骗。

2. 疼痛范式

Quattrone 和 Tversky（1984）建立的疼痛范式也是用主观报告和实际行为反应的不一致来考察自我欺骗的实验研究。这个实验要求被试将手放入一杯极冷的水中进行疼痛忍耐测试，并告知被试“尽自己最大的努力来忍受，直到无法忍耐为止”。在第二次测试之前，实验组被试被告知一个实际并不相关的疾病威胁信息，冷水给皮肤带来的刺痛感越强，人的心血管系统就越脆弱，这种弱点将会导致早期的心脏类疾病，这意味着“忍耐疼痛的时间越长心脏质量越好”。控制组被试则被告知与之相反的信息，即“忍耐疼痛的时间越短心脏质量越好”，之后两组被试进行第二次疼痛忍耐测试。结果表明，实验组被试比控制组被试更能忍耐冷水的刺痛，把手放在冷水中的时间更长，似乎这样就能证明自己的心脏质量好。在两次测试中，实验组的被试在第二次测试中的忍耐时间明显长于第一次；而控制组的被试则恰恰相反，在第二次测试中的忍耐时间明显短于第一次。然而，不管是实验组还是控制组，所有的被试都认为自己两次测试的忍耐时间并没有显著差异，他们都否认自己受到威胁信息的影响。被试受到了威胁信息的影响，出于证明自己心脏质量的动机，在第二次测试中，改变了自己的忍耐行为，而主观报告却否认这种改变，这种实际行为与主观报告的不一致就是自我欺骗。Quattrone 和 Tversky 也亲自参与了此实验，他们也发生了自我欺骗。

3. 点跟踪范式

Sloman 等人（2010）使用了点跟踪任务来探究自我欺骗发生的条件。这个实验是一个电子游戏，要求被试每次将电脑屏幕左侧的光标以尽可能快的速度移动到屏幕右半部分随机出现的点上。实验分为初始阶段和测试阶段，每个阶段都由 50 个试次组成，以 50 个试次的光标平均移动速度作为自我欺骗的行为指标。所有的被试被随机分为快组和慢组，完成初始阶段后，快组被试被告知“光标的移动速度快意味着智商超过平均水平”的指导语，慢组被试被告知“光标的移动速度快意味着智商低于平均水平”的指导语。之后，在测试阶段，电脑屏幕会根据被试的光标移动速度，显示“快”“慢”或“一般”这种模糊的速度反馈。实验结果发现，两组被试在初始阶段的光标移动速度没有显著差异，而在测试阶段，快组的光标移动速度显著高于慢组，然而所有的被试均否认自己的光标移动速度受到过指导语的影响。在之后的实验中，在测试阶段，电脑屏幕将精确的光标移动速度反馈给被试，结果发现，快组和慢组的光标移动速度无显著差异，这说明精确反馈减少了自我欺骗的发生。

4. 两次回忆范式

两次回忆范式是由陆慧菁（2012）首次提出的，通过有欺骗情景和无欺骗情景考察两次记忆的不同，来测量自我欺骗。在欺骗情景中，自我欺骗的个体把真实信息存储在内隐记忆中，并对真实信息保持无意识状态；把错误消息存储在外显记忆中，并对真实信息保持意识状态。在无欺骗情景中，个体的外显记忆会提取真实消息，这样个体会获得自我欺骗的益处，又不需要因暴露真实信息而面临损失。在个体持有欺骗动机的情境中测试第一次记忆，在个体持有欺骗动机消失的情境中测试第二次记忆。通过两次回忆的差异比较，测量内隐记忆中无意识的真实信息，来衡量自我欺骗的发生。两次回忆范式可以避开无意识测量的困难，并揭示自我欺骗的存在。两次回忆范式不仅可以通过上述个体内隐记忆和外显记忆的分离来解释，还可以通过记忆适应性的特点来解释。第一，记忆系统有助于人类存储与生存有关的信息，以提高自我的生存适应度，如“一朝被蛇咬，十年怕井绳”。第二，个体通过认知偏差来重构自己的记忆，如强化愉快的信息，而在时间的进程中忽视那些消极的信息。第三，个体会有意遗忘那些负性的体验和信息。因此，记忆的适应性的特点为自我欺骗的发生创造了有利条件。

之后，两次回忆范式被运用在自我欺骗和社会地位关系的研究中。实验首先对被试的汉语词语认知进行编码。实验以参与汉语词语竞赛来招募被试，并告知被试每个词语对应一个句子，在考试前，他们有机会复习与竞赛题相似的练习词汇。在计算机屏幕上连续显示 60 个词语，每个词语显示 3 秒，为旧项目。另外还准备了一批 60 个词语，显示频率相同，这些词被称为新项目。30 个旧项目和 30 个新项目被用于认知测试 1，另外 30 个旧项目和 30 个新项目被用于认知测试 2。被试被随机分配到高地位欺骗组和同等地位欺骗组，每个被试会与一位探测者进行配对，高地位欺骗组的探测者是教师，低地位欺骗组的探测者是学生。被试被告知他们必须对一个探测者隐瞒暴露的测试题词语，探测者将监视每位测试者暴露的情况。一旦探测者发现隐瞒情况，将会影响被试赢得金钱奖励的机会。因此，被试必须假装诚实地隐藏测试的词语，还得承诺尽量成功地隐藏暴露的测试词语。被试还被告知，探测者只是在观察他的脸，却看不到被试藏在电脑后面的手。主试给被试介绍完指导语以后，探测者出场，并把探测者以老师或学生的身份介绍给被试。然后，在识别测试 1 中，被试和探测者面对面坐在电脑桌旁，当每个词语出现在屏幕上时，他需要按键来进行识别，还必须通过说出与他真实记忆相反的话，来对探测者说谎，最后会根据说谎是否成功来进行金钱奖赏。在识别测试 2 中，探测者离场，要求被试尽可能准确地识别看到过的词语，并根据正确率得到一定的金钱奖励。结果发现，相比没有欺骗目标的情况下单独进行测试2的识别词汇数量，被试在与高地位探测者互动时进行测试1的识别词汇数量要少。结果表明，自我欺骗会根据他人的社会地位做出反应，相比面对低地位的人，面对高地位的人时个体发生自我欺骗的概率显著增加。

5. 前瞻性范式

近期，Chance等人（2011）采用前瞻性范式（forward - looking）来探究自我欺骗的发生机制。实验分为两次知识测试，被试在测试1中完成10道知识题，如“美国有多少州与墨西哥接壤?”“拉什莫尔山位于美国哪个州?”回答这些问题后，被试估计测试1的成绩，并预测测试2（类似测试1的100道知识题）的成绩，最后完成测试2。在测试1中，答案组被试有机会看到测试纸底部的答案提示，而控制组则没有，之后两组被试再完成均没有答案提示的测试2。实验通过比较答案组和控制组被试在测试1中的真实成绩来考察被试的作弊行为。如果答案组的真实成绩显著高于控制组，说明答案组被试在测试1中发生了作弊行为。实验通过比较两组被试在测试1中的估计成绩来考察被试积极信念的建立，如果答案组被试的估计成绩显著高于控制组，说明答案组被试建立了一个积极信念：他们在这种测试中，能取得好成绩。实验通过比较答案组和控制组被试在测试2中的预测成绩、真实成绩来考察被试的自我欺骗行为。如果答案组被试的预测成绩显著高于控制组，而真实成绩却无差异，则说明答案组的被试发生了自我欺骗。实验结果表明，在测试1中，答案组被试的估计成绩和真实成绩均显著高于控制组，这说明答案组被试发生了作弊行为，并建立了自我成绩好的积极信念；答案组被试在测试2中的预测成绩显著高于控制组，而真实成绩却与控制组无差异，这说明答案组被试欺骗他们自己去相信未来的第二次测试比他们真实成绩会更好（持有比真实能力更好的积极信念），尽管有着消极的证据（我看到了答案）。

Chance（2015）对前瞻性范式进行了修订，在原有范式的基础上增加了2次无答案提示的测试，总共4次测试（每次测试包含10个知识问题），2次真实成绩反馈。答案组被试在测试1中有答案提示，控制组在测试1中没有答案提示，其他3次测试均没有答案提示。所有被试在3分钟内完成测试1后，把试卷交给主试。主试给被试一张有正确答案的答题卡，让他们在校对答案的同时，凭借记忆记录下自己的答案。在完成并上交答题卡后，答案组和控制组被试都知道了自己的真实成绩。然后所有的被试预览测试 2 的试题后，预测自己测试 2 的成绩，再完成无答案提示的测试 2，其他与测试 1 相同。测试 3 和测试 4 与测试 2 相同。结果发现，自我欺骗在获得真实反馈后逐渐消退，并在测试 4 中完全消退。在其后续的研究中，在测试 3 中重新给被试提供答案提示来进行测试。结果发现，之前测试中减少的自我欺骗，在测试 4 中又重新得以恢复。这些结果表明，自我欺骗的消退是困难的，多次重复的真实反馈可以有效地消退自我欺骗，但是当个体重新获得作弊的机会时，个体的自我欺骗又得以恢复。

上述研究都推进了自我欺骗的研究方法和理论，尤其是在自我欺骗的测量方法上。之前 Chance 等人（2011）的前瞻性范式运用答案组和控制组被试的预测成绩、真实成绩的组间比较来测量自我欺骗，即答案组被试的预测成绩高于控制组，而真实成绩组间无差异，说明被试发生了自我欺骗。Chance 等人（2015）的前瞻性范式，运用答案组被试的预测成绩和真实成绩的组内比较来测量自我欺骗，如果预测成绩显著高于真实成绩，则被视为自我欺骗。组间比较的自我欺骗测量，便于观测到研究中基于答案组和控制组比较的自我欺骗。组内比较的自我欺骗测量，便于观测到研究中被试个体内的自我欺骗及其变化。图 1－2 是前瞻性范式下组间比较和组内比较的自我欺骗测量示意，这两种测量方法的应用，还值得进一步探究。

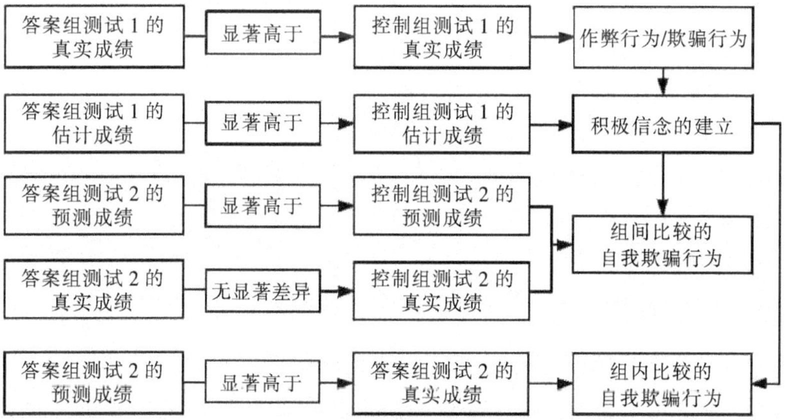

图 1–2　前瞻性范式下组间比较和组内比较的自我欺骗测量

第二节　个体内视角自我欺骗的研究

一、自我欺骗中的分离机制

（一）自我主观报告和生理、行为的分离

个体自我欺骗主要以主观报告和生理、行为的分离来诊断，个体通过主观报告和生理、行为的分离来获得自我期待的特质。比如，在声音识别实验中，主观报告与皮肤生理指标分离越大，说明自我欺骗的水平越高。在疼痛实验中，被试实际上付出了高努力（测量忍耐时间），但主观否认这种努力（主观报告的忍耐时间）并自认为低努力的付出，被试通过实际行为与主观报告相分离来进行自我欺骗。在点跟踪实验中，被试会受指导语的影响，改变光标移动的速度，然而所有的被试均否认自己的光标移动速度受到过指导语的影响。以上的实验研究案例都通过自我否认来观测自我主观报告和生理、行为的分离。这种否认越大，说明自我欺骗的水平越高。主观报告反映的是外显的意识表现，实际的生理和行为指标是内隐意识的表现，两者之间的分离促使自我欺骗发生。

（二）内隐记忆与外显记忆的分离

实证研究表明人在记忆中至少有两种信息类型：一种是有意识回忆的（可以通过回想等外显测量评估），另外一种是无意识回忆的（可以通过退化字符识别等内隐测量评估）。虽然有意识的记忆符合人所期望表达的谎言，但无意识记忆却是最初的真相。通过保持正确的信息在无意识记忆里，个体保持与真相一致的行为表现，如记忆的内隐评估证明内隐记忆可以影响个体各种行为（Coates，Butler，& Berry，2006；Lee，2002）。个体把促进自我欺骗的真实信息放在有意识里面，把错误信息放在无意识里面，以这种方式提取诱发遗

忘并难以区分错误的信息，从而致使自我欺骗发生。两次回忆范式中，在有欺骗情境下的认知测试 1 中，自我欺骗的个体把真实信息存储在内隐记忆中，并对真实信息保持无意识状态；把错误消息存储在外显记忆中，并对真实信息保持意识状态。而在无欺骗情景下的认知测试 2 中，个体的外显记忆会提取真实消息，这样个体会获得自我欺骗的益处，又不需要因暴露真实信息而导致的损失。通过两次回忆的差异比较来测量内隐记忆中无意识的真实信息，并以此衡量自我欺骗的发生。

（三）内隐态度与外显态度的分离

正如记忆是成对存在的，态度也是一样。正如记忆可以影响行为，态度也一样。态度很难通过有意识的内隐的程序去测量，比如通过内隐联想测验的反应时测试（IAT）。内隐态度的研究也不会发展成记忆域的平行研究项目。但是有证据表明人们能保持两种不同类型的态度信息（Fazio & Olson，2003；Wilson，Lindsey，& Schooler，2000）。有时外显和内隐的态度相互重叠，有时存在很大的差异（Nosek et al.，2007）。内隐态度与外显态度的分离越来越常见，为了避免内隐态度在社会上不受欢迎，这种分离出现在各个脑区当中（Hofmann，Gawronski，Gschwendner，Le，& Schmitt，2005）。正如记忆的情况一样，内隐和外显的态度的差异共存给自我欺骗者提供了机会。这两种态度是如何在自我欺骗中扮演着各自的角色的？有研究发现，当个体认知自我行为的态度是模糊时，不受社会欢迎的内隐态度驱动行为；当个体认知自我行为的态度是清晰时，受社会欢迎的外显态度驱动行为。例如，Son Hing 等人（2008）发现，在职位申请有明确资格的限制条件下，白种加拿大人对亚洲人保持低内隐态度和外显态度的偏见，对都可以胜任工作并来求职的白种人和亚洲人不区别对待；当申请职务职位资格是模糊的时候，白种加拿大人往往保持低外显高内隐态度偏见，更加喜欢聘用白种人。用这种方式，个体的低外显/高内隐的偏见，能够隐藏他们的偏见信念和来自自我和他人的歧视行为。因此，个体通过表现社会受欢迎的态度，相对难以承认社会不受欢迎的态度，去维持一个似是而非的推诿，让这种外显和内隐态度的分离进而导致自我欺骗。Uziel 和 Cohen（2020）通过比较外显自我评价和内隐自我评价，对外显自我欺骗增强量表进行了直接检验，使用了情感错误归因程序（AMP），被试报告了他们的内隐自我评价，并对两者的自我评价进行了比较。结果发现，较高的自我欺骗与更积极的外显自我评价相关，与更消极的内隐自我评价也相关。

（四）自动与控制加工的分离

面对如此复杂的生存环境，我们的大脑有两套认知方式：自动加工和控制加工。一般而言，自动加工是指那些未意识到的、并非有意的、不需要（或者极少需要）认知资源的、一次性快速进行的加工；而控制加工则是个体能够意识到的、有意图的、可以随时停止的、消耗认知资源并且相对慢速的加工。在众多的社会任务中，自动和控制加工的独立和分离是显而易见的（Chaiken & Trope，1999）。因为这些无意识目标有时违背了人们有意识的既定目标，人们有意识地持有那些受社会欢迎或者能够受到家人和同龄人支持的目标，同时也无意识地持有那些不受社会欢迎或家庭和同龄人不接受的目标（Chartrand，Dalton，& Fitzsimons，2007）。此外，因为响应环境自动激活可以不被有意执行（Lakin，Chartrand，& Arkin，2008），人们能够用不受社会欢迎的目标导向行为，但还是无视事实的存在。例如，一个学生的父母想让他成为一名医生，而他自己却想成为一名艺术家，迫于父母的压力，他有意识、有目标地进入医学院并主修医学的课程，但无意识目标不让他付出努力，最后无法毕业，只能依靠自己的艺术天赋找到相应的工作。潜在无意识目标导致了他的失败，使他得到父母的同情而不是反对。通过控制加工追求欺骗性的目的、表现隐藏真实的目的，这种与控制加工的自动分离促进了自我欺骗的发生。

二、自我欺骗的偏差加工

从信息加工的理论角度来看，研究者们认为，所有的自我欺骗都是信息加工偏差在起作用（Turk，2012），但并不是所有的偏差都可以视为自我欺骗，只有当这种信息加工偏差反射出个体动机时，才被视为自我欺骗（Hippel & Trivers，2011）。自我欺骗采用有偏差的信息加工方式叙述自我故事（朱艳丽等人，2016），自我欺骗会发生在信息加工的每一个阶段，人们会根据自己的愿望有偏差地提取、屏蔽信息或者重构记忆，来发现、呈现、记忆人们期待的信息，而不是真实的信息。信息偏差加工的积极自我欺骗，是为了维护自我的积极信念。在进行信息搜索或感知时，个体有时由于接触到的信息与自己的目标、想法不相符，会避免进一步的信息搜索甚至会自动质疑这些信息的有效性和真实性。在解释信息时，个体在特定的情景下，会对不受欢迎的信息进行受欢迎编码的合理化解释。在信息记忆加工中，个体即便注意并接受了不受欢迎的信息，也不能确保这些信息在个体记忆中可以被检索，那些跟自己偏好不一致的信息很容易被遗忘或扭曲。

三、自我服务偏向提供了自我欺骗的动机

自我服务偏向（Self Serving Bias，SSB）是指人们把与自己合意的事件和结果联系起来（我对其是负有责任的），而远离不合意的事件和结果（其他人或情境因素对其负责）。自我服务偏向被认为是通过提高自尊从而发挥了一种积极动机的作用，其中最典型的例子就是把成功归因于内部因素（能力和努力），而把失败归因于外部因素（如运气和任务难度）（李艺敏，孔克勤，2007）。研究者们对自我服务偏向的表现和发生条件进行了许多研究，发现有三种证据支持自我欺骗在自我服务偏向中的作用：第一种证据是在有他人在场的情况下，个体还会发生自我服务偏向；第二种证据是当人们有认知负荷而难以进行策略性自我呈现时，自我服务偏向会加剧；第三种证据是即使当人们意识到他们陈述的信息的准确性将被核实时，自我欺骗的自我服务偏向还是会出现，例如，大学生即使知道自己的成绩会在档案数据库中得到验证，但还是会夸大他们的 SAT（美国高考）成绩，这一证据表明，自我服务偏向有着自我欺骗的成分（Hippel，2003）。虽然上述证据阐述了自我服务偏向是自我欺骗，这个假设也得到了社会心理学的普遍认同，但其本质的关联仍然是不清楚的。

四、自我欺骗是一种自我防御机制

Sackeim 和 Gur（1978）从精神分析角度出发，将自我欺骗看成一种防御机制，认为具有自我欺骗倾向的个体易于否认心理上有威胁的想法和感受，因

而可以通过分析人们受威胁时的想法和感受的心理状况，来评定其自我欺骗的程度。防御可以被解释为使个体避免焦虑的一种信息处理手段。防御并不一定涉及对现实的扭曲，如幽默、利他主义等健康防御，但防御通常涉及自我欺骗（McKay，Langdon，& Coltheart，2005）。很多学者也因此将自我欺骗与压抑联系在一起。有研究发现，在情绪性自传体记忆任务中，压抑者对有关自己消极情绪的记忆比非压抑者（包括低焦虑低防御者、高焦虑低防御者、高焦虑高防御者）要差（黄捷，李昊，吴艳红，2007），而对发生在他人身上的事件则没有这种现象（Davis & Schwartz，1987），这说明个体会遗忘那些消极的情绪，保持自我的积极情绪。Ashley 和 Holtgraves（2003）也证明了压抑者的这一现象不是因为他们有意识地使用印象管理策略，而是由于采用了无意识的防御机制。综上，这些都是从精神分析的角度将自我欺骗看作一种防御机制（蒲小波，2009）。

五、自我欺骗是为了调节个体的心理状态

有研究者认为，调节个体心理状态为自我欺骗提供了直接的动机（范伟，杨博，刘娟，傅小兰，2017）。这个观点，主要可以从以下两个方面进行阐述：

一方面，自我欺骗是发展成为一种避免欺骗认知负荷的认知策略，即自我欺骗是为了更好地欺骗其他个体，通过自我欺骗来实施欺骗，是因为在个体心理状态中注意力没有调节稳定（Lauria，Preissmann，& Clement，2016），通过自我欺骗来调节注意力，进行注意涣散，以此来否认自我的欺骗行为，并注意和认知到那些错误的信息。

另一方面，人们通常通过自我欺骗来提升自己的社会形象和社会地位（Lopez & Fuxjager，2012），以增加社会效益。如果个体有能力提升自己来增加社会效益，就需要自我欺骗。在个体无能力的情况下，个体又出于要达到社会利益的目的，便通过自我欺骗来弥补自我无能的心理缺陷和认知失调。个体可能会通过自欺欺人的方式来获得社会效益，但是这种欺骗的行为是需要付出代价的，一旦自我觉察或者被他人揭发，将产生内疚、愧疚的自我情绪或被他人责骂的消极结果。这也需要个体通过自我欺骗来调节这种情绪的积极状态，忽视这种情绪的消极结果，进而获取社会效益。

第三节　人际间视角自我欺骗的研究

到目前为止，大多数自我欺骗的研究是从个体内探讨自我欺骗的影响因素及其对个体产生的影响，而从人际间即社会层面的因素来探究自我欺骗是极为少见的（Gorelik & Shackelford，2011；Smith，Trivers，& von Hippel，2017），更缺乏实证的研究。本节从自我欺骗的视角来探究欺骗和自我欺骗的关系，旨在揭示人际间自我欺骗心理现象的规律，有助于人们深化对自我欺骗复杂心理现象的认知，正确理解欺骗与自我欺骗在社会生活中的作用，有利于个体监管自我欺骗行为并发挥其积极作用。

一、自欺欺人：欺骗与自我欺骗的共生机制

自我欺骗发生在人们每天的生活中，许多耳熟能详的典故就是自我欺骗的事例，如阿Q精神胜利法、掩耳盗铃、指雁为羹、皇帝的新装、吃不着葡萄说葡萄酸等。进化生物学家 Robert Trivers 认为欺骗是生命的本质特征，在人类的生殖繁衍中，为了解决亲子冲突，亲代会通过欺骗和自我欺骗来影响子代的自我认同，因此自我欺骗的目的是为了更有效地欺骗他人（Turk，2012）。这为欺骗与自我欺骗对人类的进化和影响呈现了乐观主义色彩，即便它们同时也伴随着消极作用。自我欺骗可分为个体内自我欺骗和人际间自我欺骗（范伟等人，2017；陆慧菁，2012），从个体内自我欺骗角度来看，自我欺骗使个体通过抵御和抑制不利己的消极信息来调节个体心理状态（Fan et al.，2017），维护自我、增强自尊来增加个体内的适应度（Lopez & Fuxjager，2012；Seiffert - Brockmann & Thummes，2017），阻碍个体的长期发展；从人际间自我欺骗的角度来看，自我欺骗个体可通过欺骗他人来获得社会效益，如赢家效应，但也会促进不道德行为的发生，甚至带来社会性的灾难。两类自我欺骗在本质上存在着关联和共性（Fan et al.，2017），个体内自我欺骗不可能脱离人际间自我欺骗而存在。作用于个体内的自我欺骗，是为了让他人相信自我

是一个有能力、有道德的人（陆慧菁，2012）。

研究者们从进化心理学的角度阐述了欺骗和自我欺骗的共生关系。自我欺骗者可以在没有认知负荷、意识压抑、紧张的情况下更好地欺骗他人。因此，进化心理学家认为，对自我欺骗进化的核心假设是：自我欺骗是为了更好地欺骗他人（Lynn, Pipitone, & Keenan, 2014；Trivers, 1985；Trivers, 2000；Turk, 2012；Hippel & Trivers, 2011；陆慧菁，2012）。相反，欺骗他人是否有利于自我欺骗呢？我国古代文献中也有过对自欺欺人的描述，即欺骗自己的同时也欺骗他人，《朱子语类》第18卷中说："因说自欺欺人曰：欺人亦是自欺，此又是自欺之甚者。"也就是说欺骗别人就是变相地欺骗自己，欺骗与自我欺骗就如同一枚硬币的正反面（Turk, 2012），自我欺骗包含了更多强烈的欺骗无意识过程（Hrgović & Hromatko, 2018），前瞻性范式（forward-looking）也同样支持了欺骗促进自我欺骗的假设。欺骗与自我欺骗就如同一枚硬币的正反面（Turk, 2012），相互依存和促进，两者互为正相关。因此，本研究把自我欺骗和欺骗的逻辑关系，即自我欺骗是为了更好地欺骗他人，欺骗有利于更好地自我欺骗，简称为自欺欺人。自欺欺人的表述，不仅符合国人的语言表述，而且更能用汉语较好地表达自我欺骗与欺骗的逻辑关系，正如学者朱熹所言：自欺欺人，欺人者自欺。

二、自欺欺人的社会策略：说服他人

人是社会性动物，人际间的交往必不可少。自我欺骗发生在具体的社会背景下，他人可能会是自我欺骗的目标。也就是说，个体可能会误导他人，隐瞒信息或直接欺骗，所有的这些行为都可能是为了自欺欺人的实现。说服他人去实现人们的目标，对人们的生存和繁殖至关重要，同时也是进化成自欺欺人的一种方法。事实上人们认为推理的形成，在很大程度上是为了说服别人，而不是获得真理（Mercier & Sperber, 2011）。个体有能力说服他人说或做、不说或不做的事实，可以通过说服他人来自欺欺人。若要将一个自欺欺人的事实归因为通过说服他人来实现，这需要一个重要条件，即影响他人的信念使其与自己相似。这种说服他人的方式可以被描述为：我以这样的方式说服他人，使他人在信念的问题上与我观点相同，或者隐藏与信念相反的信念，然后他人的行为会加强或构建自我欺骗的积极信念，这实际上是自欺者对他人信念和动机的干预。这种方法似乎特别适用于欺骗自己，因为人们看待自己的方式往往是基于别人如何看待自己。这种自欺欺人的方法是：个体干预他人如何看待自己，从而间接干预个体对自己的看法（Solomon，1996）。

欺骗者对他人信念和动机的干预分为两种类型：积极干预和消极干预。积极干预是个体积极说服他人的信念（p），并发送那些使他人变得与自己信念相似的信息。个体表现出相信（p）会是一个很有价值的信念，因为这可能导致他人忽视消极的信念而去相信（p）；或者，个体可能有意识地欺骗他人相信（p）。比如，有研究表明个体认为自己的长相比实际更有吸引力，相比那些真实的照片，对那些美化后的照片有着更短的反应时（Epley & Whitchurch，2008），这是对自己的长相有着自我增强的自我欺骗；因此，在社交软件中，人们常常会把美化后或者拍摄最好的照片发布在朋友圈，进行自我表露，来向他人证明自我有着较好的相貌，然后说服他人认同这样的信念，并得到他人积极的评价和点赞，通过这种反馈，个体会更加确定自我外貌优质的积极信念。事实上，当个体选择并上传照片时，就已经形成了一个自我欺骗的积极信念：我好看。朋友的评论只是加强了个体已经形成的自我欺骗的信念，并增加个体在朋友中的吸引力。另一种则是消极干预地说服他人，在面对证据或者相反的信念时，个体通过对人们隐瞒或回避一些信息来引导人们的信念。比如，一个吸烟上瘾者在参加朋友聚会时，大家讨论吸烟上瘾有害身体健康，当大家问及他的身体健康时，他会岔开话题或离开现场来回避回答此类问题，甚至不参与讨论；这位吸烟上瘾者通过消极的干预来回避吸烟有害健康的证据，并相信自我身体健康且没有上瘾的积极信念，避免其他人认为自己吸烟上瘾或身体不健康的信念。

那么，个体采用何种干预方式来说服他人，取决于个体的信念与当时情境下他人信念是否可能一致。如果可能一致，个体会采用积极的干预影响他人的信念，说服他人的信念与自己的信念保持一致；如果可能不一致，个体就会采用消极干预来避免他人的信念与自我信念不一致。

三、社会情境下的自欺欺人

（一）竞争与合作情境下的自欺欺人

研究表明个体是否采用自欺欺人的模式是由社会情境决定的，社会的复杂性也决定了人际交往中自我表现的复杂性，自我欺骗是在个体所处的社会情境中发生的（Dings，2017）。人类高度社会化，竞争和合作是人际间交往的两种基本的社会情境，几乎所有进化的重要目标都涉及合作和竞争。那么，这两种情境对自欺欺人有着怎样的影响呢？

从生物学的角度来看，在竞争情境下的自欺欺人有利于激发个体的潜力，使得个体更有优势，也更利于欺骗他人。比如，两只猛兽相遇，尽管实际上两者的战斗力可能不相上下，自认为强悍（即自我欺骗）的一方竖起毛发虚张声势，就容易吓跑对方（成功欺骗）（陆慧菁，2012），这种情况可以类比到人类社会的竞争中去。人类在漫长的竞争过程中，发展出了一种最普遍的自我欺骗的形式：过度自信（overconfidence）（Li et al.，2016）。Gervaris 等人（Gervais，Heaton，& Odean，2002）将过度自信定义为认为自己知识的准确性比事实更高的一种信念，即对自己的信息赋予的权重大于事实上的权重。可以这样理解，对方是一个竞争者，如果他不了解你的真实能力，那么你的过度自信也许会作为最有利的竞争条件之一（Johnson & Fowler，2011），有助于有效地欺骗他人。过度自信与欺骗他人有着正相关：那些对自己有着过高期望的学生，也激发了别人对自己有着过高期望（Lamba & Nityananda，2014）。有研究发现，让被试在完成一项具有认知挑战性的任务后，那些通过自我欺骗告知他人自我表现出色并能赚取更多被试费的被试，比控制组表现出更多的过度自信（Peter & Joël，2019）。另外，竞争的强度对自欺欺人有着调节作用，有研究发现在竞争情境下个体会把欺骗归因为“人人都会欺骗”，以便于道德开脱的自我欺骗，进而竞争越激烈，欺骗行为越高（Schwieren & Weichselbaumer，2010）。然而，相关研究有着不同的观点，低竞争和高竞争下的欺骗行为无显著差异，中等竞争下的欺骗行为最高；高竞争情境下，欺骗并不会有好的结果，个体要以付出诚信为代价；低竞争情境中，个体没有足够的激励来欺骗，人们相信诚信是有回报的（Cartwright & Menezes，2014）。除了外部奖赏，如金钱可以影响个体诚实行为以外，内部奖赏也是一个重要的因素，即遵守个体内部的价值体系，如果个体不遵守诚实的内在标准（诚实是内部奖赏的一部分），这会让自我感觉到厌恶（Mazar，Amir，& Dan，2008）。在高竞争情境下，个体可能意识到自我的欺骗行为，从而减少自我欺骗来削弱欺骗行为的发生。而在中等竞争情境下，可以创建一种模糊的竞争情境，个体可以自我欺骗地投射他人也会欺骗，来维护自我内在诚实的价值体系，以便更好地获得外部奖励。

合作情境下的自欺欺人则更复杂，以互惠互利为基础的自欺欺人总是会与道德、社会规范联系在一起。进化心理学普遍认为人的本质是自私的，但是仍然会基于互惠的原则来发展利他行为。如果个体利用他人对其互惠的信赖，就会产生欺骗，并受到自我相关性的影响，即这种利他行为不仅发生在血亲之间，也存在于朋友和陌生人之间，尤其容易发生在熟人之间（张亭玉，张雨青，2008）。McCornack 等人（1986）提出，随着人际交往的关系越深入，个体通常成功地识别他人谎言的自信心也随之增强，个体会认为他人不会轻易欺骗自己，从而产生取真偏好，影响对谎言识别的准确率，这一现象也被称为“关系欺骗”（relational deception）（Levine，Mccornack，& Park，2011）。通常情况下，人们倾向于相信他人传达的信息为真，这一现象被称为“取真偏差”（truth - bias）（Levine，Park，& McCornack，1999）。个体对自我持有积极的情感偏差，对陌生人的情感偏差是消极的，而对熟人的情感偏差是模糊的，因此个体在熟人面前的道德决策需要花费更长的时间（Zhan et al.，2019）。由此可见，在合作情境中，自我相关性对欺骗的影响非常重要而且存在差异，并会受到朋友和熟人的调节。那么，根据自欺欺人的逻辑，可以推理出在合作情境下自我相关性对自我欺骗有着相似的影响，“取真偏差”现象存在着自我欺骗。也就是说，合作情境下不同程度的自我相关性对自欺欺人可能存在不同的调节作用，密友可能由于自我与他人重叠度高，更容易坦诚相待，相比熟人，密友之间可能有着更少的自欺欺人；陌生人之间，无需印象管理和付出友情的代价，在有动机的情境下，陌生人之间可能有着更高的自欺欺人。

（二）社交媒体情境下的自欺欺人

随着计算机技术的发展，社交媒体盛行，人际关系从现实的空间逐渐拓展到网络空间，面对面的人际间自我欺骗也同样出现在虚拟的网络空间中。在网络空间中，自我不准确或自我增强的信息传达给他人可视为欺骗。正如许多研究人员认为的那样，社交媒体不仅是人际沟通、自我呈现的途径，而且越来越多地被用于自我推销（Michikyan，Subrahmanyam，& Dennis，2014）。网络社交媒体沟通提供了一个全新、可供选择的空间来表达自己，从而促进他人欺骗（Walther，2007）。Caspi（2006）等人对257名在线用户进行了调查，结果表明大部分的受访者认为在线欺骗是很普遍的，只有小部分的受访者承认自己偶尔遭遇在线欺骗。Lu（2008）的研究发现被调查者自我报告的网络欺骗行为与真实存在的网络欺骗行为存在不一致，受调查者可能高估或低估他们的网络欺骗行为。以上两个研究表明网络欺骗行为的自我认知和真实存在是不一致的，是什么造成了这样的差距呢？在线环境有助于欺骗（Walther，2007），并且实证证据表明谎言在这种情境下很常见（Hancock，Toma，& Ellison，2007）。如果欺骗变得更容易了，通过欺骗他人来欺骗自己的可能性也就越大。那么，自欺欺人可以帮助人们来理解“在线欺骗是常见的”的观点和“人们没有在网上欺骗”的想法之间的不一致，自我欺骗在网络欺骗的过程中发挥了调节作用。个体即使认为网络欺骗行为是普遍存在的，但为了维护一个积极、道德的自我信念，仍会否认自我的欺骗行为或者不把自己的欺骗行为视为欺骗，甚至会把欺骗行为发生的原因归结为他人。

在使用社交媒体的过程中，自欺欺人可以增强个体的自尊和主观幸福感。自我欺骗可以通过“积极错觉”来促进个体的自尊和幸福（Taylor，1990），个体在社交媒体中有选择性地积极自我表露（Walther，2007），从而通过获得他人的积极反馈来提升自尊和幸福感（Valkenburg，Peter，& Schouten，2006；丘文福，陈志勇，2017）。自尊与自我欺骗提升有着正相关（Wang et al.，2018），在社交媒体中，自尊感的提升更有利于自我欺骗。Valkenburg等人的研究表明，78%的社交媒体用户可以通过他们的个人资料页面获得正面反馈，社交媒体用户可以忽略不好的经历或反馈，完全专注于积极的体验，从而增强他们的社交自尊（Valkenburg et al.，2006）。

四、自欺欺人的研究展望

到目前为止，自我欺骗的理论仍然处于未成熟的阶段，有待研究者不断探究（范伟等人，2017）。从近期的文献回顾可以发现，自我欺骗的研究已经得到了心理学、经济学和哲学等领域的关注（Seiffert - Brockmann & Thummes，2017；Smith et al.，2017），这为自我欺骗可持续研究呈现了乐观的景象。现在心理学家普遍接受了人际间自我欺骗是为了更好地欺骗他人的假设，也出现了少量的实证研究证据；但是欺骗有利于自我欺骗的假设，其行为证据依然甚少。由此可知，自我欺骗和欺骗的逻辑关系，即自欺欺人的内涵、影响因素及认知机制还有待进一步探究，还需要更多行为学的证据。从自欺欺人的研究方法来说，目前只有少量的范式可采用，如前瞻性范式（Chance et al.，2011；Chance et al.，2015；Ren et al.，2018）。前瞻性范式具有很好的操作性，可以同时测量欺骗和自我欺骗。未来可采用前瞻性范式来拓展自欺欺人的研究，可利用 ERPs 技术或者 fMRI 技术将前瞻性范式进行改良来进一步探索个体自欺欺人产生的具体阶段和神经机制。

自欺欺人的发生有赖于社会情境，在竞争情境中可以有效地促进自欺欺人，而合作情境下自欺欺人会更为复杂，会受到自我相关性的调节，但是现有的文献只是根据前人的文献进行了推测和假设，缺乏行为层面的证据。那么，在竞争情境中是否也受到自我相关性的调节？这些问题都需要以后的研究进行探究。自欺欺人不仅发生在现实的情境中，还出现在虚拟的网络空间里，在使用社交媒体中，个体容易忽视消极信息而选择积极信息进行自我表露，并让个体获得积极反馈进而提高个体的社会自尊和主观幸福感，从而可以更有效地自欺欺人，这已经发展为一种普遍的社会现象。自欺欺人的上述理论可以很好地解释社交媒体中的用户行为和手机依赖症的发生。未来的研究可以通过个体对网络欺骗行为的态度认知和在网络表现欺骗行为的不一致来考察自欺欺人的发生。另外社交媒体中自欺欺人对个体产生的影响同样需要来自行为学和神经学的证据。

自我欺骗和欺骗在人际关系中互为共生，因此自欺欺人是复杂的。但是人们在痛恨自欺欺人的同时，又在乐此不疲地自欺欺人。正如一位学者所言，如果谎言能够提高个体社会成功的可能性，人类可能会进化到相信谎言（Smith et al.，2017）。由此可见，人们应研究如何促进和抑制自我欺骗的发生来发挥其积极影响而避免其消极影响，才能更好地帮助人们了解自欺欺人并合理地运用它来服务人们的生活。

第四节 自我欺骗的神经机制

自我欺骗在神经生理学上的研究才刚刚起步，Robert Trivers 从意识的角度分析了自我欺骗的神经机制，并阐述了伴有神经损伤的自我欺骗（Turk，2012）。近期有研究者探究了自我欺骗与印象管理的神经关联，也有研究者考察了反馈影响自我欺骗的神经机制，自我欺骗神经生理学得到了初步的发展。

一、自我欺骗中意识与无意识的神经心理

研究者们通常从意识的角度来研究和分析自我欺骗的发生，自我欺骗是指无意识自我欺骗，自我欺骗的发生直接与自我意识有着负相关，即高自我意识产生低水平的自我欺骗，低自我意识产生高水平的自我欺骗。因此，Robert Trivers 认为，可以从意识与无意识领域，通过意识与无意识的时间差来探究自我欺骗的神经心理。他分析了抛球的案例，以此剖析意识与无意识下自我欺骗神经心理探究的可能性（Turk，2012）。当运动员听到“抛掉这个球!”的指令后，便启动扔球信号，不久球就被抛出。这说明决策出现在意识后，并由该系统发出的指令执行。但行动在神经生理学上的研究却表明，冲动在大脑区域的出现（包括运动准备）会大约提前意识觉察 0.6 秒，而觉察后约延迟 0.5 秒后才会有行为产生。也就是说，当个体有意识地去抛球时，大脑中所涉及的领域早就已经激活了半秒以上，意识的意图确实发生在行动本身之前的一秒钟。

那么之前无意识的意图是什么呢？在行为出现之前，通过功能磁共振成像

对大脑的不同部位在不同时间点上的神经活动，对血流量进行了相关记录。在意识到发生的动作的7秒之前，侧前额皮层和中前额叶皮层已经出现了神经活动的迹象，而这些部位和辅助运动区到运动神经元本身有相当长的一段距离。由于功能磁共振成像的响应缓慢，个体预计在意识觉察到的10秒前启动，随后神经信号传达将产生意识，之后再产生行为。个体从有意识要投球起，大约有1秒的时间来中止行动，而这种情况可能在行动前0.1秒发生。这些效应发生在无意识下，即200毫秒之前发生作用的潜意识决定行动与否。这些可以说明，知觉意图出现之前，存在一系列的无意识神经活动，意识落后于无意识，无意识有足够的时间修改进入意识的信息。因此，意识似乎更像是行为的事后评估员和评论员，包括对行为的合理化，而不是行为的发起者。这也为证明意识为自我欺骗无意识行为表现提供了合理的解释，也为自我欺骗创造了机会。

二、伴有神经损伤的自我欺骗

Hippel 和 Trivers（2011）认为个体在发生自我欺骗时可伴有神经损伤或无神经损伤，伴有神经损伤为自我欺骗的神经心理学提供了案例和证据。Gazzaniga（1997）进行了一个裂脑研究，被试都是胼胝体被切断的裂脑人，该实验要求患者必要时用左半球大脑交流的方式来解释自己的行为。在实验中，通过仪器给患者左半球大脑呈现一个鸡脚（通过右眼视觉获得），右半球大脑呈现一个下雪的场景（通过左眼视觉获得），被试被要求用对应的双手指出其左右眼看到的对应的图片，行为结果发现，左半球大脑指示右手指向一个鸡头，右半球大脑指示左手指向一个铲子。当被试被问及“为什么他们左手指着铲子时”，因为裂脑患者右半球最初没有机会访问到左半球的语言中心脑区，因此割裂脑被试无法说话，所以被试也无法精确地回答这个问题。而左半球（有语言中心的脑区）也无法解释为什么左手指着铲子。尽管如此，相比直接说自己不知道为什么左手会指着铲子来说，被试会选择说一个合理的故事来解释原因，他们解释为：鸡会产生许多废物，有必要用铲子清除这些废物。这项研究揭示了自我欺骗源于个体对自己行为的未知（Nisbett & Wilson，1977）。尽管如此，这种动机足以让一个人为自己的行为找借口，并去相信这个借口。

伴有神经损伤的自我欺骗例子在各种类型的大脑和身体损伤中都能找到。例如，失认症是一种典型的自欺欺人的疾病，在这种疾病中，身体某个部位受到伤害的人否认自己受伤的事实，当左臂瘫痪者被要求用左手触摸鼻子时，他用完好的右手抓住并举起瘫痪的手，去摸他的鼻子，来否认自己的左臂瘫痪，他有动机保持这些（好的手臂）与现实（左臂瘫痪）不符的信念来发生自我欺骗。

三、自我欺骗与印象管理的神经关联

自我欺骗和印象管理两者在精神病学和社会心理学中都有着临床相关性，通过研究健康个体自我欺骗和印象管理的大脑的激活，可以获得更多潜在的神经机制并进一步理解异常状态的行为。Farrow 等人首次进行了有关自我欺骗和印象管理 fMRI 的研究（Farrow，Burgess，Wilkinson，& Hunter，2015）。本研究通过在 BIDR 量表（英文缩写 Balanced Inventory of Desirable Responding，又称社会赞许性反应量表，包括印象管理和自我欺骗两个子量表）上操控被试“装坏”或者“诚实”的行为表现，来选择考察这两种行为的神经、神经心理和反应时的特征。研究结果发现，印象管理中的“诚实”分数和艾森克人格问卷的“说谎”分量表分数有着正相关，但与自我欺骗分数无显著相关，这说明自我欺骗和印象管理有着不同或分离的认知加工。另外，与“装坏”有着较长的反应时和大面积的大脑激活，这表明这种行为是认知要求最高的行为，在生活中实践较少。

对照低水平计算基线，印象管理、自我欺骗和“装坏”激活了同样的脑区域（内侧前额叶皮层和左腹侧额叶）。内侧前额叶皮层也同样在自我欺骗中扮演着重要的角色（Abe et al.，2006；Vogeley et al.，2004），其同样与自我识别、认知控制、动机反应调节、情绪加工和当注意转向自我需要（Luan，Tor，Taylor，& Israel，2002；Lee et al.，2005）的自我欺骗与印象管理任务相关联。背侧和腹侧内侧前额叶皮层激活可使自我与其他定向反射分离，但这可能与心理判断有关。自我和他人决策的 107 张神经图像元分析（Denny，Kober，Wager，& Ochsner，2012）认为，背侧内侧前额叶皮质与其他认知加工的关联只会出现在自我之间的直接比较和判断中，这个影响的方向目前尚不清楚。左腹侧额叶参与抑制竞争性、错误检查和自我监控的表现，并一直被报道在故意说谎期间被激活。Lee 等人（2009）的报告显示，当受访者故意伪造回答以欺骗他人时，左腹侧额叶、后扣带回和楔前叶被显著激活。

自我欺骗和印象管理两者都包含了内侧前额叶皮层和左腹侧额叶的激活，然而印象管理另外还包括了左侧背外侧前额叶皮质的激活，这些相同的区域在之前欺骗他人的研究中已经被发现。因此数据认为尽管自我欺骗和印象管理是两个分离的概念，但是他们的大脑加工机制非常相似。左腹侧额叶包含了竞争或抑制优势反应，并且与决策和注意分配有关。左腹侧额叶包括了在故意说谎之中的抑制反应，可能有社会责任和在表现中的自我监控。内侧前额叶皮层在欺骗中扮演着重要的角色，但是也与自我识别与增强、情绪加工和注意转向自我有关。自我欺骗对信息进行选择性注意，从而证实了个体的目标或信念，导致自我无知和信息处理的失败。总之，可以解释为：自我诚实（自我欺骗的装坏）是我们极力去追求的，然而尽可能带给他人好的形象（自我欺骗的装好）是个体更需要熟悉和练习的行为。

四、反馈影响自我欺骗的神经机制

任梦梦（2020）采用 ERPs 技术对自我欺骗发生的神经机制进行了初次探究，利用前瞻性实验范式，探究模糊和精确反馈对自我欺骗产生不同影响的内在机制。研究结果发现，自我欺骗主要发生在人们大脑的额区部分，另外还有被激活的成分，比如，N1 成分、P2 成分以及 P300 成分。N1 成分是自我欺骗发生在大脑的早期成分，自我欺骗主要激活的是 P2 成分，证实了自我欺骗与情感的关系。在消极反馈中，模糊反馈在额区和额中区诱发更大的 P300 成分。因为 P300 成分与人们在实验过程中投入的心理资源量有关，而且是成正相关的关系，任务越难，P300 成分的潜伏期就越长。人们的思考成分主要发生在大脑的额区部位，所以，额区是自我欺骗活跃的兴趣区，这为以后的研究增添了新的视角。

第二章 自我欺骗消退研究的必要性：阻碍自我欺骗的消极作用

目前，研究者们对自我欺骗的概念存有争议，常会把自我欺骗与过度自信（overconfidence）（Anderson，2012）、否认（denial）（Fernbach，2014）、积极错觉（positive illusions）（Johnson，2004）等概念混淆。然而，研究者们普遍认为自我欺骗是个体在特定情境中表现出来的一种积极信念。自我欺骗是尽管在面对相反证据时，个体仍会坚持自我的一种积极信念（Chance et al.，2011；Mitchell，2000；van der Leer & McKay，2016），也可称为积极性自我欺骗。自我欺骗也被视为一种选择性信息的积极偏差，即在消极的信息面前优先加工那些积极的信息（Hippel & Trivers，2011）。所有的自我欺骗都是偏差在起作用（Turk，2012），但并不是所有的积极偏差都是自我欺骗，只有当人们偏好积极信息超过消极信息并反射出个体动机时，才被视为自我欺骗（Hippel & Trivers，2011）。本书分析自我欺骗对个体和社会的积极作用和消极作用，并从辩证视角来审视自我欺骗对个体的积极作用，提出了从自我欺骗消退研究的视角探究其消退的规律和机制，帮助人们阻碍自我欺骗对个体和社会的消极作用。

第一节 自我欺骗对个体和社会的积极作用

一、适应性价值：赢家效应

Trivers（2000）认为积极的自我认知有利于个体受益，大量的实证研究认为，自我欺骗可引发自我增强来使个体受益（Hippel & Trivers，2011），因为人们通常会对自信的个体印象深刻，自信决定了人们选择谁作为领导者、伴侣、工作伙伴等（Hippel & Trivers，2011）。自我欺骗引发的自我增强，让个体更容易被相信，其观点和建议更可能被采纳，自我欺骗促进人际说服（Smith et al.，2017）。

自我欺骗对人类与社会环境有着积极作用，甚至超越了当代社会，并延伸到人类的进化。自我欺骗中引发的自我增强所带来的人类进化适应性价值（增加繁衍的成功），如自我欺骗所引发的赢家效应（Lopez & Fuxjager，2012；Seiffert - Brockmann & Thummes，2017）。赢家效应是指之前的胜利可以增加赢得当前的竞争和社会冲突的一种能力。虽然赢家效应发生在哺乳动物、鱼类、鸟类和无脊椎动物等物种中，其存在的大小程度在这些物种和亲缘关系密切的物种之间有着大小差异（Fuxjager & Marler，2010；Hsu，Earley，& Wolf，2006）。有一些来自动物的实证研究证明了赢家效应的存在，如加州白足鼠的研究（Oyegbile & Marler，2005）。在这个研究中，随机挑选雄鼠分别给予1至3次成功经验。然后，这些雄鼠与另外一些稍有竞争性的雄鼠进行竞争测试，结果发现在测试中，之前获得3次胜利的雄鼠比没有获得3次胜利的雄鼠胜利的概率要高得多。也有人以实验研究来考察赢家效应（Yee，Bailenson，& Ducheneaut，2009），在这项研究中，男性和女性完成一个沉浸式虚拟现实的实验，每位被试随机虚拟成一个矮的或高的化身，参加一个竞争性的谈判。在谈判过程中，被试可以感知自己和谈判方之间的身高差，而谈判方则不能感知身高差。结果显示，高个化身在谈判中表现得比矮个化身更具“攻击性”。接下来，被试被带出虚拟环境，要求与现实的个体进行另一轮面对面的竞争性谈判。有趣的是，研究结果显示，在先前（虚拟）互动中拥有较高化身的个体，在随后的面对面互动中表现得更为咄咄逼人。从这些动物和人的实验研究中可以发现，从获胜经验中获得的自我感知线索可以调节未来的竞争行为，为人类能够形成和表达赢家效应的观点提供了有力的支持。通过增强个体在攻击性遭遇中的积极自我感知，并表明这种自我感知是一种真正的线索，它可以在完全不同的环境中和一个完整的过程中调节未来的成功（Yee et al.，2009）。另外，有研究认为，赢家效应的作用之一是帮助引导社会等级的形成（Dugatkin & Druen，2004）。赢家效应是提高个体适应度的一种机制，有助于解决个体间的支配关系（Martin，Beaugrand，& Laguë，1997），以及下属地位的关系（Fournier & Festa - Bianchet，1995）。因此，自我欺骗是个人获得积极信念的途径，这些信念可以促使个体自信、自我增强来获得赢家效应，提高个体适应度。

二、提高主观幸福感和保持心理健康

Taylor（1988）对“真实认识自我对心理健康至关重要”的观点提出质疑，过于真实的自我认识被认为是心理上的适应性不良（Jopling，1996）。Taylor 和 Brown（1994）的研究表明，对现实的感觉偏向于积极个体的心理会更健康。自我欺骗对减少个体焦虑症状起到了一定的作用（Sheridan，Boman，Mergler，Furlong，& Elmer，2015），甚至自我欺骗是降低自杀风险的重要应对机制（Pompili et al.，2011）。弗洛伊德认为强大的心理障碍阻碍了自我认识，个体通过避免威胁和消极信息来保护自己免受威胁或遭遇不适（Jopling，1996）。其中，压抑与自我欺骗有着细微的差别，利用处理信息的手段来促使个体免于焦虑（McKay，Langdon，& Coltheart，2007），使大脑具备通过扭曲意识来减少焦虑的能力（Foster，1985）。另外，自我欺骗被应用于心理健康的干预治疗。有研究把自我欺骗应用于狂躁症患者心理干预治疗，给患者注入信任、美感、价值理念、生命意义等积极信念，使患者病情逐渐减轻，直至狂躁症行为消失，这可能是因为自我欺骗能促进患者脱离实际的消极情结，去拥有积极的价值信念，促使患者大脑分泌多巴胺、其他未知或未发现的化学物质，来实现人体的自我调节，对狂躁症的矫正发挥了积极的作用（汤启萍，2014）。还有对癌症晚期病人的研究发现，病人对自己的病情有着不现实并可治愈的幻想，这种自我欺骗是病人维护信念系统的自我防御，有着比接受现实更少的努力和认知负荷（Echarte，Bernacer，Larrivee，Oron，& Grijalba - Uche，2016）。因此，自我欺骗被视为主观幸福感（Erez，Johnson，& Judge，1995）、心理健康（Sheridan et al.，2015）和自尊（Johnson，Vincent，& Ross，1997）的重要组成部分，自我欺骗也被认为是一种提高心理健康和幸福感的策略（Erez et al.，1995）。

三、获得并维护人际关系

进化心理学家认为自我欺骗进化的核心假设是：自我欺骗是为了更好地欺骗他人（Lynn，Pipitone，& Keenan，2014；Trivers，1985；Trivers，2000；Turk，2012；Hippel & Trivers，2011；陆慧菁，2012），通过避免欺骗中认知负荷、紧张、压抑等信号，避免他人对自我欺骗行为的识别和探测，来获得或维护没有冲突的人际关系。进化生物学家 Robert Trivers 在《Richard Dawkins 自私基因论》一书的引言中提出，自我欺骗会促进两性竞争中的其他欺骗，从而成为一个无意识适应求偶策略，之后有研究表明，女性的自我欺骗可促进求偶的成功，即自我欺骗的程度可以预示交往对象的频率和地位（Lynn，Pipitone，& Keenan，J. P.，2014）。

人类是第一个利用欺骗来促进利他和合作的物种（Goffman，2009）。根据社会理论，欺骗有四种保护功能：紧急情况下的欺骗，隐私保护下的欺骗，以保护有需要的他人（具有社会关怀）的利他欺骗，以及维持社会凝聚力的合作欺骗。这些保护性的欺骗大多以半真半假的谎言出现，因为欺骗者希望在不造成有害后果的情况下，以为自己或他人谋利来维护人际关系，并且保护性欺骗和自我欺骗两种现象经常同时发生（Seiffert - Brockmann & Thummes，2017）。例如，个体会在朋友的晚宴上隐瞒对另一位客人的不满，并与其进行良好的沟通，以免除冲突来避免朋友的尴尬，这对各方都有益处。Rorty（1994）认为，在角色扮演和符合社会期望的情境下，欺骗总是以自我欺骗的形式出现，使自己和他人相信这是诚实的自己，而没有表现出矛盾的情绪。因此，保护性欺骗是滋长自我欺骗的肥沃土壤，因为它大多建立在半真半假的基础上，以不透明、含糊不清的信息呈现并隐含着令人信服的理由，同时其在符合社会期望和规范的情况下，强化自我欺骗来支持个体的积极信念。

第二节　自我欺骗对个体和社会的消极作用

一、自我欺骗是一种发生道德伪善的策略

他人评价有道德的人，也会表现出无道德的行为。那些珍视道德的人，坚信不会把自己的利益置于他人之上，但也会表现出无视道德的行为。这种有道德的人表现出的不道德行为，有着三种解释。第一种，从社会学习角度出发，认为有道德的人表现出不道德行为是由于学习的不足，也就是说如果个体没有被他的道德标准所控制，说明这些标准是没有学习掌握好的。第二种，那些从社会影响的角度来处理问题的个体，把不道德行为归因为外部的情境压力，如来自上级的命令、从众压力等。将这些情境压力、普众的道德原则与众所周知的人类选择性感知偏差、合理化的能力结合起来，来发生不道德的行为。第三种，就是道德伪善。道德伪善被定义为“个体实际上并不拥有的、令人满意或得到公众认可的态度、信仰、原则等的伪装”。个体道德伪善的好处是显而易见的，不仅可以获得自私行为的物质奖赏，而且还可以获得他人视自己为正直和道德的社会奖赏。道德伪善，个体表现出道德的动机，同时尽可能避免实际上道德的代价。这个过程并不容易被看到，表面上它看起来很道德，以坚持道德原则作为最终目标的动力。要区分道德的伪善和道德的正直，有必要看一看表面之下，道德的外表是否潜藏着一个自私动机的面具。

那么，个体在道德行为失败的情况下，如何违背自己的道德标准为自我利益服务，同时又能显得自己有道德呢？Batson 等人（1999）考虑了两种自我欺骗的策略：（a）错误地将自己的行为视为道德行为；（b）避免将自己的行为与道德标准进行比较。Batson 通过实验研究，从自我意识和道德标准两个变量

来考察道德伪善。研究采用道德两难任务，被试需要分配“有机会参与抽奖获得30美元的奖券”的积极结果任务和“枯燥乏味，没有奖励”的中性结果任务给自己或他人（虚拟的同伴，不会见面）。被试可由自己随意分配或者通过扔硬币的方式来决定，硬币的正反面有着“我”和“他人”的标签。这个实验的设置，让被试有着不道德行为发生的选择空间，可以投币决定，或者随意把任务分配给自己或他人。研究结果发现，28人选择用投币来分配，12人自行分配，其中10人把积极后果任务分配给自己，2人把积极后果任务分配给他人。大多数人说分配任务最道德正确的方法是掷硬币，40个人中只有2个人认为给自己分配积极结果任务是最道德正确的方式。然而，绝大多数人（34人）把积极后果任务分配给自己。通过使用贴上标签的硬币来分配任务的28名被试中，分配到积极后果任务中的被试（24人）概率值（85%）显著超过随机分配概率值（50%）。随后，该研究者通过在实验室提供镜子，提高被试的自我意识，呈现给被试“把积极后果任务分配给他人是公认道德的”标准来进行类似的多个实验，研究结果发现，高自我意识减少了道德虚伪，相比低自我意识条件，在高自我意识条件下，被试将积极后果任务分配给他人的比例增加，但是当标准不显现时，这种分配的比例会降低。这些结果表明，在高自我意识和有道德标准的情况下，意识到自己的错误行为和进行道德标准比较的个体没有采用自我欺骗策略，因而会减少道德伪善的行为。

因此，自我欺骗被当作一种策略来处理自身利益与道德标准之间的冲突（Batson et al.，1999；Tang et al.，2018）。自我欺骗是一种道德虚伪的策略，将个体不道德的行为误认为是道德的，避免将其行为与道德标准进行比较，会促进不道德、欺骗行为的发生。近期，有关两性关系的暴力研究就说明同样的观点，对亲密伴侣实施暴力的男性通过自我欺骗，不认为施暴是一种不道德行为，以此保持良好的道德自我概念（Vecina，2018；Vecina，Chacón，& Pérez - Viejo，2016）。

二、自我欺骗促进道德合理化，引发社会灾难

合理化是使不合理的行为显得适当的一种方法（Audi，1988）。道德合理化是一个心理过程，允许个体为不诚实的行为辩解，避免个体对自己的不道德

行为感到内疚或不适（Kieffer & Sloan，2009）。自我欺骗是个体为了解决发生与自己的道德自我概念不一致，或违反价值道德原则的事情而感到内心失调的一种机制（Tsang，2002）。自我欺骗促进不道德行为的潜在合理化，无论不道德行为的可信度或真实性如何，个体都会相信这种行为的发生是正当的。自我欺骗会让发生腐败行为的犯罪者，在事后经历的内心失调得到减少或缓解，并有助于腐败行为的实施者避免道德上的自我审查（Desai et al.，2017）。自我欺骗“合理化”的概念也被用作社会伦理学研究的背景，例如，用来解释人们如何向自己和他人证明“大屠杀”等可怕的野蛮行为是正当的（Darley，1992）。这种自我欺骗以误导社会政策的形式，致使群体乃至社会遭受灾难，战争就是最昂贵的例子（Trivers，2000），如希特勒的纳粹主义（Triandis，2009）。这种自我欺骗普遍存在于组织中并阻碍批判性反思（Kuntz & Dehlin，2019），甚至会导致企业、政府的破产（Chance et al.，2015）和全球合作社会的破坏（Babino，Makse，DiTella，& Sigman，2018）。

三、自我欺骗造成个体巨大的损失，阻碍个体发展

在 Chance 等人（2011）的研究中，用金钱来奖励那些可以精确预测自己分数的被试，结果发现被试依旧忽视作弊行为，高估自己未来的成绩。这个研究证明，短期来看自我欺骗对个体是有益的，但是从长远来看个体将会为此付出高昂的代价。自我欺骗个体自我意识的缺乏，将致使个体无法清楚地认知自己，不利于个体的长期发展。比如，长期把失败归因为自我运气的个体，很难付出努力去实现自己的目标；坚信自己的股市投资成果的个体，往往会在股市中失利；对自我疾病的否认，而不去就医，会危害健康（Sims，2017）；个体认为自己可以控制吸毒，这种自我欺骗是维持毒瘾的一种机制（Martínez-González，López，Iglesias，& Verdejo-García，2016）等等。我们认为，自我欺骗的积极作用是短暂的即时奖赏，但是长期的自我欺骗会有着消极作用（Lauria et al.，2016），会造成个体高昂的损失，阻碍个体的发展。

第三节 自我欺骗作用于个体的辩证审视

自我欺骗不仅对个体有着积极作用，还有许多的研究表明，自我欺骗对个体也有着消极作用。自我欺骗使个体无法清楚地认知自己，不利于个体的长期发展，如对疾病的否认致使危害健康（Sims，2017）、自我欺骗是维持毒瘾的一种机制（Martínez－González et al.，2016）。自我欺骗被当作一种策略来处理自身利益与道德标准之间的冲突（Batson et al.，1999；Tang et al.，2018；Tang et al.，2017）。自我欺骗是一种道德虚伪的策略，将个体的行为误认为是道德的，避免将其行为与道德标准进行比较（Batson et al.，1999），会促使不道德、欺骗行为的发生，如让男性伴侣在施暴过程感受到道德（Vecina，2018；Vecina et al.，2016）。

用辩证的视角来审视自我欺骗，是正确认知自我欺骗的关键，这将有助于人们趋利避害地利用自我欺骗来服务于个体的生活。在时间上，自我欺骗在对个体发挥着积极作用的同时，也伴随着消极作用。在 Chance 等人（2011）的研究中，用金钱来奖励那些可以精确预测自己分数的被试，结果发现被试依旧忽视作弊行为，高估自己未来的成绩。这个研究证明，短期来看自我欺骗是受益的，但是从长远来看个体将会为此付出高昂的代价（Chance et al.，2011；Lauria et al.，2016）。另外，还有研究发现，自我欺骗对个体的积极作用和消极作用还存在程度效应。少量的自我欺骗对个体是有益的，可以导致个体防御能力的加强，减少焦虑，而自我欺骗水平太高的个体，其应对焦虑的能力就会受到阻碍（Sheridan et al.，2015）。依据自我欺骗的时间和程度效应，本书认为自我欺骗的积极作用是短暂的且有着即时奖赏，但是长期的自我欺骗会有着消极作用（Federico Lauria，Preissmann，& Clément，2016），会造成个体高昂的损失；此外，适度的自我欺骗是基于个体积极心理状态和消极心理状态的平衡，通过积极调节心理健康、主观幸福感和人际关系来提高自我适应性，而不是完全回避自我的消极信息，因为消极信息本身可能包含一种令人不愉快的信息，但消极信息可能最终会使个体从中受益（Audia & Locke，2003）。

第四节　自我欺骗消退研究的必要性

从上述可见，自我欺骗对个体和社会的影响是积极的还是消极的，目前存在着争论。很多研究揭示并证实了自我欺骗的积极作用。自我欺骗者倾向于注意积极正面的信息，抵御和抑制不利己的消极信息来调节个体心理状态（Fan et al.，2017），以维护自我增强、自尊和调节认知失调来增加个体的适应度。自我欺骗有助于提高主观幸福感、自信和自我感觉的个人魅力（Linton，2001；Wrangham，1999），能增加求偶成功的机率（Lynn，Pipitone，& Keenan，2014）和个体控制感（Hagedorn，1996；Morris，Sim，& Girotto，1998），并能以积极的心态去对待自己及亲朋好友（Krebs，1997；Murray，1997）。自我欺骗可以通过“积极错觉”来促进个体的自尊和幸福（Taylor，1990），以及个体在社交媒体中有选择性地表露积极自我（Walther，2007），从而得到他人的积极反馈来提升自尊和幸福感。

也有很多研究发现，自我欺骗对个体和社会有着消极作用。自我欺骗的心理是与生俱来的（Tenbrunsel & Messick，2004），自我欺骗使个体无法清楚地认知自己，不利于个体的长期发展，如对疾病的否认致使危害健康（Sims，2017）、自我欺骗是维持毒瘾的一种机制（Martínez - González et al.，2016）。自我欺骗被当作一种策略来处理自身利益与道德标准之间的冲突（Batson et al.，1999；Tang et al.，2018；Tang et al.，2017）。自我欺骗是一种道德虚伪的策略，将个体不道德的行为被误认为是道德的，避免将其行为与道德标准进行比较（Batson et al.，1999），会促进不道德、欺骗行为的发生，如对亲密伴侣实施暴力的男性通过自我欺骗，不认为施暴是一种不道德行为，以此保持良好的道德自我概念（Vecina，2018；Vecina et al.，2016）。另外，自我欺骗以误导社会政策的形式，致使群体乃至社会受到灾难，战争就是最昂贵的例子（Trivers，2000），如希特勒的纳粹主义（Triandis，2009）。自适应不良的自我欺骗普遍存在于组织中并阻碍批判性反思（Kuntz & Dehlin，2019），甚至会导致企业破产（Chance et al.，2015）、政府的腐败行为（Desai et al.，2017）和全球合作社会的破坏（Babino et al.，2018）。Chance 等人（2011）的研究发现，用金钱来奖励那些可以精确预测自己分数的被试，结果发现被试依旧忽视作弊行为，高估自己未来的成绩。这个研究证明，短期来看自我欺骗对个体是有益的，但是从长远来看个体将会为此付出高昂的代价。自我欺骗的积极作用是短暂的即时奖赏，但是长期的自我欺骗有着消极作用，会引发个体高昂的损失和社会灾难（Lauria et al.，2016）。认识到自身的自我欺骗是困难的，而纠正自我欺骗是一项困难的任务，个体可以通过直面而非忽视自我欺骗，来减少自我欺骗的发生（Tenbrunsel & Messick，2004）。消退这种对个体和社会具有消极作用的自我欺骗，从而阻碍这种消极作用，是至关重要的（Chance & Norton，2015）。因此，探究如何消退这种代价高昂的自我欺骗具有重大的理论和现实意义，不仅有助于个体和组织更好地监控自我和他人的自我欺骗行为，而且能进一步减轻自我欺骗对个体和社会的危害，以促进个体和社会的健康发展。

第三章　自我欺骗消退的相关研究及理论依据

第一节　自我欺骗消退的相关研究

目前只有少量的研究探讨过自我欺骗的消退，Chance 等人（2015）对“前瞻性范式”进行了修订，在原来范式的基础上，增加了 2 次无答案提示的测试（总共 4 次测试），每次测试均为 10 道知识题，在中 2 两次测试后，给予被试真实的成绩反馈。通过答案组被试在后 3 次测试中预测成绩和真实成绩的组内比较来测量自我欺骗。如果预测成绩显著高于真实成绩，则被视为自我欺骗，并通过给予答案组被试 2 次真实成绩反馈来考察自我欺骗的消退。实验结果发现，被试在面对第 2 次真实反馈时，答案组被试的预测成绩减少至控制组的水平。这表明自我欺骗不是立即消失，而是随着真实反馈的出现而逐渐消退。研究结果表明了真实的反馈可以减少自我欺骗，重复多次的真实成绩反馈可以让自我欺骗逐渐消退。另外，Sloman 等人（2010）的研究表明，在测试阶段，快速组在真实成绩反馈下的点跟踪速度要慢于模糊成绩反馈，这说明真实反馈同样能减少自我欺骗的发生。

尽管只有少量的研究探究自我欺骗消退的方法，但有大量的研究探究了欺骗行为中的调节因素。研究表明，欺骗会在如下情境中得以增加：当个体抵制诱惑而缺少认知资源时（Christian & Ellis，2011；Gino & Pierce，2009；Mead，Baumeister，Gino，Schweitzer，& Dan，2009），当经济不平等引起内疚或嫉妒的感觉时（Gino & Pierce，2009；Moran & Schweitzer，2010），当人们感到匿名时（Zhong，Bohns，& Gino，2010），当人们因为佩戴假冒产品而感到不真实时（Mead et al.，2009），在有大量现金时（Gino & Pierce，2009）等。关于减少欺骗的潜在干预措施的研究也明显较少。一个值得注意的研究表明，当人们被提醒到道德标准——宗教戒律或学校荣誉守则时，欺骗将变得不那么普遍（Mazar et al.，2008；Shu，Gino，& Bazerman，2011）。这些欺骗行为的研究给自我欺骗消退的研究带来了新的启示，不同条件的潜在干预可能会消退自我欺骗。

第二节　自我欺骗消退的理论依据

一、信息偏差加工

大量的研究表明，人们会为自己添加玫瑰颜色滤镜，有增强自我展示的倾向：大多数人只能透过积极面来看待自己（Dunning，Leuenberger，& Sherman，1995）。个人通常会夸大自己现有的特质，会对自己的智力、亲和力、能力甚至道德等进行积极的评价，也会夸大自己目前的地位，甚至会扭曲自我评价，以保持最有利的自我形象（Alicke，1985；Taylor & Brown，1988）。许多自我评估偏差的实验研究发现，人们认为他们比周边的人要更优秀。这些研究证明人们认为自己的各种特质要优于平均水平（Alicke，Klotz，Breitenbecher，Yurak，& Vredenburg，1995；钟毅平，易文婷，2013），比如94%的大学教授认为自己“高于平均水平”（Cross，1977），人们认为自己比他人有着更小遭遇严重事故和重大疾病的可能（Weinstein，1980）。大多数个体会把自我相关信息与积极情绪效应联系起来，而认为消极信息与自己的人格特征不相关（陈芸，钟毅平，2013）。有研究发现人们有高估自己实际能力的倾向（Burson，Larrick，& Joshua，2006），这种高估自己的评价折射出一个基础本能的动机：自我增强和维护一个积极的自我信念（Greenwald，1980；Sedikides & Strube，1997）。同样，动机推理的研究也发现了人们的一些行为方式，比如人们保持积极的自我观点而忽略自己的消极信息（Kunda，1990；Pyszczynski & Greenberg，1987）。此外，人们倾向于创造性地合理化和公平化他们有问题的行为与决策（Francesca & Dan，2012）。这些研究表明，保持个体的积极信念是一种普遍的心理现象，也是人本质的动机需要。自我欺骗是维护积极信念的一种方式，是一种无意识的积极偏差（Hildebrand，Wibbelink，& Verschuere，2018），但并不是所有的积极信念都是自我欺骗，只有当面对相反证据时，还依旧坚持积极的自我信念与评价，才是自我欺骗。

这种积极的自我欺骗被视为一种信息选择性的积极偏差，即在不受欢迎的信息面前优先选择那些受欢迎的信息（Hippel & Trivers，2011）。所有的自我欺骗都是偏差在起作用（Turk，2012），但并不是所有的信息加工偏差都可以视为自我欺骗，只有当他们喜好的受欢迎信息超过不受欢迎信息的方式反射出个体动机时，才被视为自我欺骗（Hippel & Trivers，2011）。自我欺骗采用有偏差的信息加工方式叙述自我故事（朱艳丽等人，2016），自我欺骗会发生在信息加工的每一个阶段，人们会根据自己的愿望有偏差地提取、屏蔽或者重构记忆，来发现、呈现、记忆人们期待的信息，而不是真实的信息。

（一）搜索或感知信息

在搜索或感知信息时，个体有时由于接触到的信息与自己的目标、想法不相符，会避免进一步的信息搜索甚至会自动质疑这些信息的有效性和真实性。比如当自己购买了假冒产品而又无法退换时，人们会避免假冒产品的检查（Johnson - Laird，Girotto，& Legrenzi，2004）。类似的偏差信息研究在实验室中也可见，在 Ditto 和他同事（1992，1988）的研究中，被试把他们的唾液涂抹在测试片上，然后观察唾液是否会变色。结果发现，那些相信测试条颜色改变是健康指标的被试，比那些不相信测试条颜色改变是健康指标的被试，等待颜色变化过程的时间要长60%。这是一种偏差的信息搜集形式：当结果符合期望时，人们会停止对信息的搜集；当结果不符合期望时，人们会继续搜集信息。这将使个体产生一种积极的期望，甚至不自觉地扭曲真实情况。有研究者也做过类似的实验，被试首先预选对死刑持反对或支持的态度，然后让被试针对死刑的利弊进行讨论。按照普通的逻辑，在死刑利弊信息的共同影响下，被试预选的态度会受到很大的影响，但是事实却相反，他们实验后的态度立场比预选时的态度更加坚定（Dings，2017）。支持死刑的被试会接受有关死刑有利的信息，怀疑甚至拒绝有弊的信息；反对死刑的被试则相反。这种选择性地搜索信息就是一种自我欺骗，个体通过减少认知负荷来进行自我肯定。

（二）解释信息

在解释信息时，个体在特定的情景下，会对不受欢迎的信息进行受欢迎编码的合理化解释，比如在生活中人们常把自我不努力以致失败的事实归因为运气差，通过否认消极或威胁的自我感知来维护自尊和自我认知失调。个体这种合理化的解释对人际间的道德行为产生了一定的消极影响，合理化为个体提供了使不合理的行为显得适当的一种方法（Audi，1988），一个潜在的不道德行为的合理化会令个体忽视行为道德的可信性或真实性，使个体欺骗自己去相信一个不道德的行为是合理的（Desai，Dalal，& Rawal，2017）。如在生活中，人们对自己自私损人的行为，以“人不为己，天诛地灭”的古语来进行道德开脱。

（三）记忆信息

在信息记忆加工中，个体即便注意并接受了不受欢迎的信息，也不能确保这些信息在个体记忆中可以被检索，那些与自己偏好不一致的信息很容易被遗忘或扭曲。在所有与自我相关的行为中，相比坏的行为，人们对好的行为往往保持着更为牢固的记忆，而这种偏差不存在于对他人的记忆中（Fan et al.，2016）。生活中，个体往往对比赛中自己胜利的细节保持牢固的记忆，而容易忘记比赛中糟糕的经历。事实上，这些记忆可能被个体扭曲或者笼罩成自我的见解，也就是把受自我欢迎的信息放在意识中，而把不受自我欢迎的信息放在无意识中，以此对信息进行有选择性地遗忘加工和重构。

二、信念调整

信念调整是一个备受逻辑学、哲学、心理学、经济学和计算机科学等领域研究的课题，它为个体调整信念来适应冲突的环境提供了理论上的解释。生活中，个体常会遇见与自己预计不一致的情境，如个体高估自己的考试成绩，而真实成绩却不尽如人意，如个体遭遇失败与个体评价冲突等。当个体发现原有的信念与新信息发生矛盾时，将对自己原有的信念进行调整来适应新的情境，并调节自己的心理状态。信念调整或信念改变指的是一个理性主体将信念从一种状态转变为另一种状态的过程，它是人们智力活动中的重要组成部分（杨群，2010）。信念调整理论认为当人们发现新信息和原有信念相矛盾时，会对原有的信念进行调整，以接受与原来信息相反的信息来适应新的环境，当面对不一致的信息时，不是完全地修改原来的信念，而是对强度进行重新调整（Johnson - Laird et al.，2004）。信念调整的过程不是全部颠覆的过程，而是信念强度调整的过程，因果关系的信念表征是概率性的，而不是确定性的（Politzer & Carles，2001）。比如，一个人认为“长期嚼槟榔导致口腔癌”，而当他遇到一个长期嚼槟榔的人生活得很健康时，他不会完全否认之前的信念，只是降低之前的信念。

认识到自身的自我欺骗是困难的，纠正自我欺骗更是一项困难的任务（Tenbrunsel & Messick，2004）。自我欺骗是一种维护积极信念的方式，也是一种在面对相反证据时，依旧坚持的积极信念。这种将消极真相扭曲成积极信念的自我欺骗，不利于个体的长期发展，对个体和社会的发展有着消极影响。那么，该如何调整自我欺骗中的积极信念而促进其消退？根据信念调整理论，我们可以通过积极信念的不一致来调整自我欺骗，即通过消极信念来调整个体的积极信念，进而影响个体的自我欺骗。这种信念调整的过程不是完全修改，而是在消极信念重复多次刺激后逐渐消退。

三、自我欺骗依赖模糊

人们倾向于诊断自己行为的价值来欺骗自己。自欺者的行为表征要么是一种干预（intervention），要么就是一种观察（observation）（Sloman & York，2006）（见图 3－1）。

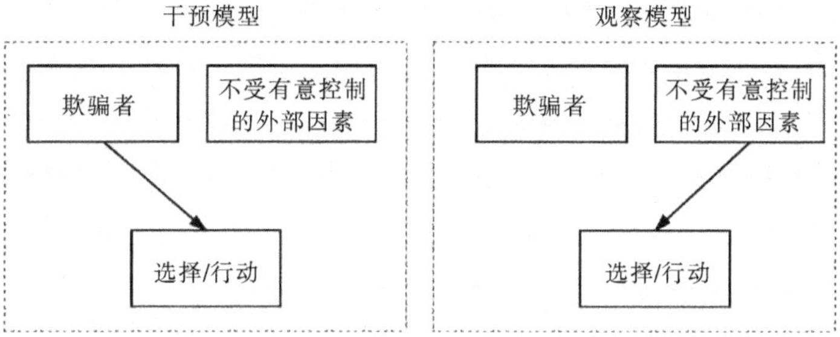

图 3-1 解释行为发生的两种选择模型

（一）干预模型

干预的行为表征，是把行为当作一个深思熟虑的选择。例如有毒瘾的人把吸毒当作一种干预，因为他相信自己随时都可以停止吸毒。人们有时需要思考自我的行为，如干预、故意和意愿的选择。来源于干预的行为表征能力可让人们去思考假设结果和潜在行为的结果（Hagmayer & Sloman，2009；Sloman & York，2006）。一个否认毒品上瘾的人，当他知道没有毒品但又积极寻找毒品的时候，大多数的人会把这个人的行为当作上瘾的证据，上瘾让他这样做。但是个体否认上瘾，并认为他们能够自由地选择毒品，认为这个行为不是上瘾导致的，而是干预的结果。干预的影响之一就是使干预成为一个正常因果的独立变量，而不是他们的诊断。这个例子的自我欺骗是由干预导致的行为表征，事实的原因不是欺骗者而是上瘾，这种行为为干预性自我欺骗。故意选择结果的干预行为表征需要两种方式简化因果模型：第一，对待这种选择是非外因引起的（概率理论家称之为外源）；第二，需要假设干预是有效用的，这种选择的行为能够产生想象的行为。由于故意选择的行为表征意味着行为的发生来源于一种干预，而不是其他的原因，欺骗者就会具有全部的责任。

（二）观察模型

观察模式行为表征把行为的发生归因为潜在影响因素（不受意愿控制），而不是欺骗者本身，从而提供行为发生诊断的依据。观察自身行为，就像一个外部观察者一样观察自己的行为。观察模式减少欺骗者的责任，因为欺骗者把行为发生归因于外部行为的压力而不是欺骗者的选择意愿。把一个行为表征视为观察，个体会将这个行为发生列入外在的因果效应，就像个体看到一个陌生人做了一些行为，或回忆过去来观察自己的行为。

（三）混合模型

在此干预与观察模型基础上，Fernbach（2014）提出了信念混合模型（见图 3 -2）来解释模糊条件下自我欺骗的发生。这种信念混合模型从欺骗者和不受有意控制的外部因素到选择/行动之间，用带有虚线的箭头连接，代表着两种因果选择路径，即干预路径和观察路径，虚线表示它们是可延展的，是可能彼此交替换位的。这种交替换位的含义是：自我欺骗者对路径的选择依赖于欺骗者自我的信念。这两种因果选择路径在某种程度上都是可选择的，并且每种路径的贡献都是模糊的，都存在不确定性。这种模糊表现为：欺骗者不确定一个行为是自由选择，还是由环境压力、个人特征、无意识动机或身体状态引起的。当潜在的原因与好的或坏的结果相关时，就产生了一种动机，人们会根据结果的好与坏进行两种因果关系的看法，从而调整结果，这时自我欺骗就会出现。人们通过内在原因及行为表征的不确定性来进行自我欺骗，如果个人行为的因果表征依赖于主观选择，就会让欺骗者有机会选择最优的自我服务方式，为自我欺骗打开了一扇门。

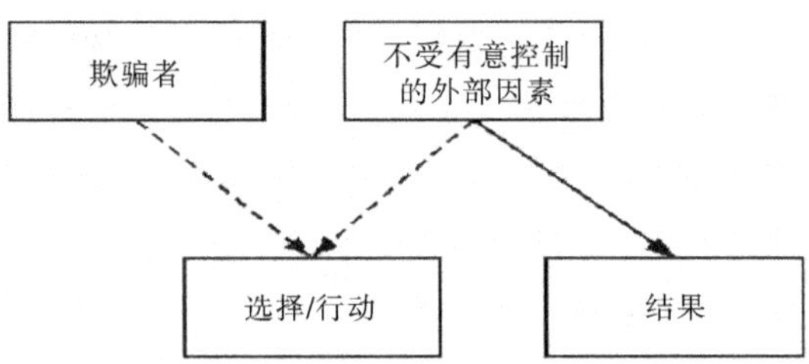

图 3-2　信念混合模型

自我欺骗者的行为表征来源于干预、观察和混合模型。干预的行为表征，是把行为当作一个深思熟虑的选择。观察模式行为表征将被视为受潜在因素影响（不受意愿控制）而不是欺骗者本身，从而提供诊断依据。混合模型认为个体采用何种表征方式进行自我欺骗，是模糊、干预和观察可以交替换位的，个体采用表征的方式取决于自我欺骗者的自我信念。当潜在的原因与好的或坏的结果相关时，就产生了一种动机，人们会根据结果的好与坏，改变对这两种因果关系的看法，从而调整结果，自我欺骗就会出现。人们通过内在原因及行为表征的不确定性来进行自我欺骗，如果个人行为的因果表征依赖于主观选择，就会为欺骗者有机会选择最大的自我服务方式——进行自我欺骗打开了一扇门。

四、欺骗与自我欺骗的共生关系

（一）自我欺骗是为了更好地欺骗他人

欺骗是指个体有目的地通过言语或者非言语行为来操控他人的错误信念（Hyman，1989）。欺骗者可通过告知他人错误的信念，或回避、模糊化、夸大真实信息去欺骗他人。欺骗是生命的本质，在任何情境下，欺骗都有存在的必要（Turk，2012），人们都需要或多或少地欺骗自己或他人（Sirvent，Herrero，Moral，& Rodriguez，2019），这对人类的生存和发展同时有着积极或消极的作用。自我欺骗的出现煽动了与欺骗的协同进化斗争，自我欺骗可能成为协同进化斗争中最重要的工具，可以避免留下被发现的线索（Hippel & Trivers，2011）。欺骗者在有意识欺骗时，至少可以暴露四种线索（除了事实调查的本身）被探测：紧张的信号、压抑、认知负荷和特殊的渠道（欺骗探测器）。自我欺骗者可以通过在没有认知负荷、意识压抑、紧张的情况下去更好地欺骗他人。从某种程度上说，欺骗者通过自我欺骗去相信他们没有在欺骗他人，或认为他们的动机是无可指责的，他们不需要意识到他们正处于欺骗他人这样的一个角色上。因此，进化心理学家认为，自我欺骗进化的核心假设是：自我欺骗是为了更好地欺骗他人（Lynn，Pipitone，& Keenan，2014；Trivers，1985；Trivers，2000；Turk，2012；Hippel & Trivers，2011；陆慧菁，2012）。

正如进化生物学家 Robert Trivers 认为的那样，形成自我欺骗的适应机制是反欺骗探测，这种反欺骗探测机制被进化生物学家概括成“自我欺骗的出现是由于个体为了更好地欺骗他人”（Dawkins，1976）。出于自我增强或者社会获益的动机，同时为了让欺骗他人的行为不被揭穿，欺骗者会表现出更好的欺骗手段：在欺骗他人之前，让自己去相信那些错误的信息，然后非常自信、没有线索可寻地去欺骗他人，这种策略就是通过欺骗自己去更好地欺骗他人。Lamba 等人（2014）的研究就很好地验证了自我欺骗是为了更好地欺骗他人的假设。该研究的实验情境设置在大学课堂教学中，学生们以小组的方式进行每周复习，互相之间可以自由地和导师或同学讨论课程材料。考试之后要求学生私下预测小组内每位同学的成绩，完成他评和自评。结果显示，认为自己成绩较好的学生，被他人评价时也较高，两种评价都超出他们的实际成绩。这说明人们有高估自己的能力或认为自己比真实的自我做得更好的动机（Burson，Larrick，& Klayman，2006），这些学生通过自我欺骗维持自我成绩较好的积极信念，然后把这种自我增强的积极信念传达给他人，通过欺骗去操纵他人认为自己有着较好成绩的错误信念，来显示自己在群体中的优势感。

（二）欺骗他人有利于自我欺骗

相反，欺骗他人是否有利于自我欺骗呢？我国古代文献中也有过对自欺欺人的描述，即欺骗自己同时也欺骗他人，《朱子语类》第 18 卷中说：“因说自欺欺人曰：欺人亦是自欺，此又是自欺之甚者。”也就是说，欺骗别人就是变相地欺骗自己，欺骗与自我欺骗就像同一枚硬币的正反面（Turk，2012），自我欺骗包含了更多强烈的欺骗无意识过程（Hrgović & Hromatko，2018）。Chance 等人（2011）提出的前瞻性范式（forward - looking）也同样支持了欺骗促进自我欺骗的假设。一组被试在测试中有机会看到答案提示，另外一组被试则没有机会看到答案提示。结果发现，那些有机会看答案提示的被试通过作弊取得了好成绩，展现出自我能力强的特质，他们忽视测试 1 存在答案提示的消极证据，对未来测试 2 的预测成绩比那些没有机会看答案提示的更高。被试通过作弊来获得一个成绩好的积极信念，自我欺骗在这种忽视相反证据而维持积极信念的情况下发生了。作弊是用欺骗的方式做违法乱纪或不合规定的事情，也就是说作弊就是一种欺骗行为（胡绍元，王岚，李红波，2006），这种欺骗也有利于更好地自我欺骗。另外，Moomal（2000）通过实证研究，利用世界价值调查中1990年至1993年期间收集的45个国家的数据进行了二次分析，结果发现欺骗与自我欺骗之间呈正相关。欺骗可视为一种对社会不利的消极行为，也可以是一种亲社会的积极行为。人类是唯一利用欺骗促进利他行为的物种，例如保护性欺骗和亲社会谎言。根据社会理论，保护性欺骗有处理紧急事务、保护隐私，保护有需要的他人（具有社会关怀）、维持社会凝聚力合作等亲社会功能，保护性欺骗和自我欺骗两种现象经常同时发生（Seiffert - Brockmann & Thummes，2017）。

（三）自欺欺人：欺骗与自我欺骗的共生关系

欺骗与自我欺骗就像同一枚硬币的正反面（Turk，2012），相互依存和相互促进，两者互为正相关。因此，本书把自我欺骗和欺骗的逻辑关系，即自我欺骗是为了更好地欺骗他人，欺骗有利于更好地自我欺骗，简称为“自欺欺人”。自欺欺人的表述，不仅符合国人的语言表述，而且能用汉语较好地表达自我欺骗与欺骗的逻辑关系，正如学者朱熹所言：自欺欺人，欺人者自欺。

（四）欺骗探测压力是自我欺骗的重要影响因素

被欺骗者探测欺骗，是保障资源和避免利益受损的策略。欺骗者由于承受着欺骗可能被揭穿的压力，会流露出一些暴露欺骗的线索，例如不自然的眼神、颤抖的声音、不自在的小动作、手心出汗等，这些线索会被欺骗者用来探测。欺骗者感受的欺骗被揭发的压力，就是欺骗的探测压力。陆慧菁（2012）提出欺骗探测压力是自我欺骗产生的重要影响因素，并认为自我欺骗应该发生在对方欺骗探测能力比较高的时候。如果对方的欺骗探测能力高，个体就需要通过自我欺骗来进行欺骗；如果对方的欺骗探测能力低，个体则可以直接进行欺骗。

社会占优理论（Social Dominance Theory）是一个多层次理论，这个理论旨在解决社会如何保持群体基础优势地位的问题。几乎所有的等级统治稳定的社会都可以考虑作为一个社会群体，通常一个民族、宗教、国家或种族拥有不平等比例的权力和享受特权（Pratto & Stewart，2011）。高地位者拥有特权，是因为他们在群体形成之初已经通过竞争或打斗显示了自己的实力，确立了等级系统以及随之出现的分配规则，他们可以优先获得资源，包括食物和配偶。低地位者在武力上处于弱势，如果要获得额外资源，只能通过一些偷偷摸摸的方式，譬如隐瞒食物的存在，分散对方的注意力，或者遮掩自己的越级行为等。高地位者要探测这类欺骗从而保持其资源。探测违规行为的能力，高地位者高于低地位者。在陆慧菁的研究中采用双回忆范式（dual - retrieval paradigm）（Lu & Chang，2014），检验了人们为了更好地欺骗处于高地位的他人而进行自我欺骗，而不是为了欺骗同等地位的他人。在该研究中大学生被试受到明确指示或者引导，去欺骗一名高地位的老师或者一名同等地位的学生。当与高地位的人交流而不是与同等地位的人交流时，相比被试在第一个有欺骗目标的记忆测试，被试在第二个没有欺骗目标的记忆测试中的真实记忆更少。研究结果支持了这个观点：自我欺骗会对地位等级有所反应，会甄别欺骗和侦察的可能性，比如人们更有可能对高地位的人而不是同等地位的人进行自我欺骗。

第四章　自我欺骗消退的影响因素

第一节　消极反馈

人们倾向于判断和表征自己行为的价值来欺骗自己（Sloman et al.，2010）。如果个体对自己的态度和信念处于模糊的状态，则可以通过观察自我行为来获得自我的信息（陈少华，曾毅，2014）。在生活、工作和学习等环境中，人们都会获得来源于自我行为或他人关于自我表现评价的反馈（Raftery & Bizer，2009）。反馈作为一种主客观相结合的变量，不仅包含刺激或行为本身所带来的结果信息，而且涉及个体在认知加工过程中的元认知监控，可以用来预测和调整未来意图和行为，改善个体行为表现（任智，2018）。反馈也常被用在教育领域，通常被理解为告诉学习者是对是错的系列反应过程（Kulhavy，1977），它本质上是对个体的表现或理解的反应（Hattie & Timperley，2007）。Duijnhouwer 等人（2012）将反馈描述为外界给学习者成绩、表现等方面的信息，旨在修改学习者的认知、动机和/或行为以提高绩效。但在得到和给予反馈时，反馈的效价是一个不容忽视的因素，即积极反馈和消极反馈。

自我欺骗是个体即使面对相反证据仍会坚持的一种积极信念。根据信念调整理论，这种积极信念可以通过不一致信念来调整，即消极信念可能调整和消退自我欺骗。自我欺骗者对自己行为的觉察和他人对自我的行为反馈，是获得消极信念的主要来源。消极反馈是评估者对他人的产品、表现或属性所做的消极评价，其中评估者认定评价依据的标准是有效的（Duijnhouwer et al.，2012）。因此，我们认为消极反馈能够减少自我欺骗的发生。前人的研究也发现了同样的结果，Chance 等人（2015）和 Sloman 等人（2010）在他们的研究中均采用反馈给被试真实成绩，以此来考察自我欺骗，结果发现真实反馈可以减少自我欺骗，重复多次的真实反馈可以促进自我欺骗的消退。自我欺骗是为了某个动机，偏好那些积极的信息而回避那些真实的消极信息（Hippel & Trivers，2011）。真实信息对于自我欺骗个体而言就是消极信息，因此本研究假设，消极反馈通过削弱个体的积极信念来减少自我欺骗，重复多次的消极反馈可以逐渐促进自我欺骗的消退。本研究采用前瞻性范式，利用消极反馈干预来探究自我欺骗的消退。

有研究发现，消极反馈对个体有着积极的作用，消极反馈有可能对学习者内在动机产生中立甚至积极的影响（Fong，Patall，Vasquez，& Stautberg，2018）。接受失败反馈的个体可能会从积极的角度重新构建消极的一面，从而提高他们随后的认知表现。因此，收到消极反馈的评价者可能出现更好的表现（Raftery & Bizer，2009），个体会在消极反馈后付出更多的努力，来提高自己的成绩（Duijnhouwer et al.，2012；Fong et al.，2018）。尽管消极反馈本身可能包含一种令人不愉快的信息，但消极反馈信息可能最终会使个体从中受益（Audia & Locke，2003）。这种可以使个体获益的消极反馈，需要自我欺骗者通过不断的自我行为内省，来认知自己的消极信息。个体遗忘或者忽视那些消极的信息通常是无意识的，所以直面那些自我消极信息是困难的。另外，由于个体体验过获得消极反馈引发消极情绪的经历，他们从不愉快的体验中学到，给予他人消极反馈会导致愤怒和冲突，以致人们不愿意给予他人消极反馈（Audia & Locke，2003），致使在自然的人际交往中，直接从他人那里获得消极反馈也是欠缺的。

第二节　竞争情境

研究表明个体是否采用自我欺骗的模式是由社会情境决定的，自我欺骗是在个体所处的社会情境中发生的（Dings，2017），社会的复杂性也决定人际交往中的自我表现的复杂性。到目前为止，大多数自我欺骗的研究是从个体内的视角，探讨自我欺骗的影响因素及其对个体产生的影响，而从人际间的视角，即社会层面的因素（Gorelik & Shackelford，2011）来探究自我欺骗是极为少见的，更缺乏实证的研究，即便大部分研究者认同自我欺骗发生在人际间的社会背景下。

人类高度社会化，竞争是人际间交往的基本社会情境，几乎所有进化的重要目标都涉及竞争。许多研究表明，竞争情境会改变个体行为或者促进国家政策的调整，如宿舍能源竞赛能够有效地激励大学生做出节约能源的亲社会行为（Sintov，Dux，Tran，& Orosz，2016）、竞争政策的引入可以调节市场的发展（杨晓庆，李胜利，2006）、竞争性体育锻炼有助于大学生克服自卑感（李佳川，唐金根，丛向辉，2011）等等。那么，竞争情境对自我欺骗有着怎样的影响呢？从生物学的角度来看，竞争情境下的自我欺骗有利于激发个体的潜力，使得个体更有优势，也更利于欺骗他人。比如，两只猛兽相遇，尽管实际上两者的战斗力可能不相上下，自认为强悍（即自我欺骗）的一方竖起毛发虚张声势，就容易吓跑对方（成功欺骗）（陆慧菁，2012），这种情况可以类比到人类社会的竞争中去。

竞争情境与自我欺骗的关系研究，还停留在假设阶段，并没有直接的实证研究来解释两者的关系。有研究从过度自信（overconfidence）的角度，阐述过竞争情境与自我欺骗的关系。过度自信是人类在漫长的竞争过程中，发展出的最普遍的一种自我欺骗。Gervaris 等人（2002）认为过度自信是个体认为自己知识的准确性比事实更高的一种信念，即对自己的信息赋予的权重大于事实上的权重。如果你的竞争对手不了解你的真实能力，那么你的过度自信也许会成为你最有利的竞争条件之一（Johnson & Fowler，2011），有助于你有效地欺骗对手。过度自信与欺骗他人有着正相关：那些对自己有着过高期望的学生，也会激发别人对自己的过高期望（Lamba & Nityananda，2014b）。

第三节　作弊妨碍

作弊妨碍是他人或组织给个体设置作弊障碍，以达到预防或减少作弊行为的目的，是一种针对不道德行为的干预。目前，作弊妨碍的研究主要从关注道德标准和物理障碍入手。Mazar 等人（2008）提出信念维持的理论认为，人们会维护自己内心的信念标准，对自身道德标准的关注，可以有效地减少不诚实行为的发生。改变个体对作弊的中立态度，并引导其关注作弊的不道德行为，可以有效地妨碍作弊行为（Rettinger，2017），如老师积极地谈论学术诚信价值观（Fishman，2014）。有研究表明，提醒学生自己的道德准则可以减少作弊行为（Ariely，2012；Mazar et al.，2008）。在企业和政府的纳税申报表或保险单中，改变签名的位置，将名字签在自我报告表的开头而不是结尾时，能够减少不诚实的行为（Shu，Nina，Francesca，Dan，& Bazerman，2012）。

Chance 等人（2011）提出的前瞻性范式（forward - looking），用作弊行为来诱发自我欺骗，被试通过作弊获得好的成绩来建立自我的积极信念（我能力比较强），从而高估自己未来的成绩。本实验范式中，答案组被试可以直接看到答案提示。Mazar 等人（2008）认为当人们觉得欺骗是容易的、舒服时，人们就不会觉得自己是在主动欺骗。如果我们设置作弊妨碍，通过增加作弊难度，个体会增加对自我作弊行为的关注，为了维护自我诚实的道德标准，有可能会减少作弊行为。作弊是一种欺骗的形式，按照欺骗和自我欺骗的关系逻辑：自我欺骗的目的是为了更有效地欺骗他人（Lynn，Pipitone，& Keenan，2014；Trivers，1985；Trivers，2000；Hippel & Trivers，2011；陆慧菁，2012）。欺骗既是一种影响自我欺骗的因素，也是自我欺骗的直接动机；欺骗与自我欺骗就如同一枚硬币的正反面（Turk，2012），相互依存和促进，两者有着积极互相关。因此，我们推测作弊妨碍可能会减少作弊行为，可以有效地促进自我欺骗的消退。

第四节　自尊

近年来，自我欺骗的研究得到了广泛的关注，但关于其个体差异的研究还极为少见，对于自尊这一重要人格特质与自我欺骗关系的研究，更是缺乏。有研究者认为自我欺骗与自尊有很大的相似性，如自尊和自我欺骗都与自我提升有关。同时，有研究者还提出自我欺骗是一种防御机制，在这种防御机制中，威胁性信息被个体主观歪曲和忽视。这种防御机制之下的自我欺骗，有助于人们在维持自尊的同时减少焦虑（Paulhus & John，1998）。有研究者在探讨自我欺骗、自尊与情绪自传体记忆关系的研究中发现，自我欺骗与自尊显著正相关，对自尊有正向预测作用（蒲小波，2009）。类似的研究还有一些，Paglione博士在探讨家暴者在集体治疗期间人格因素和自我认知的变化时发现，自我欺骗、自恋、自尊三者显著相关。Monts教授对三组大学生（N＝30）进行了问卷调查，发现具有较高自尊的大学生有着较高的人际自我欺骗的倾向（Paglione，2010），自我欺骗与自尊显著正相关（Robins，Hendin，& Trzesniewski，2001）。自我欺骗可以通过“积极错觉”来促进个体的自尊和幸福感（Taylor，1990），个体在社交媒体中有选择性地积极自我表露（Walther，2007），从而得到他人的积极反馈来提升自尊和幸福感（Valkenburg et al.，2006；丘文福，陈志勇，2017）。不过也存在一些质疑，一些研究者认为，一个具有高度自尊的人有着较低的自我欺骗，因为他意识到自己的局限性，并对个人成长持开放态度（Paglione，2010）。当经历失败时，个体的自尊往往会下降，消极影响会更大，积极情绪会减少。失败后自尊下降的程度与自我欺骗无关，但与消极影响程度有关。个体在面对失败时，自我欺骗并不能保护自尊不受到影响（Johnson et al.，1997）。

综上可以看出，目前自我欺骗与自尊关系的研究还非常少，并且存在一定的争议。这也意味着，继续探讨自尊这一人格特质与个体自我欺骗的关系是必要的。自尊如何影响自我欺骗的消退，目前尚不清楚，还需要继续探究。

第五章　消极反馈与作弊妨碍影响自我欺骗消退的研究意义、问题及思路

第一节　研究意义

权健，一家保健品集团公司，打着一切为了人类健康事业的旗号，包装虚假保健品，用一些伪造的案例来说服消费者，通过经营火疗馆、肿瘤医院，出售健康秘方、保健产品等，成为了一个资产百亿的“保健品帝国”。权健的实际控制人束昱辉，初中毕业，靠传销发家，却把自己包装成一位出生于中医世家、毕业于清华，曾获得无数专利发明的企业家。随着企业的不断壮大，束昱辉赚足了财富，还赢得许多的社会荣誉。这个企业通过欺骗他人来赢得财富和名誉，是什么支撑消费者对权健的信任？又是什么让权健经营者以及工作人员在无欺骗认知负荷的前提下去欺骗他人呢？古希腊哲学家德摩斯梯尼曾说过，没有比自我欺骗更容易的事情，人们总是愿意相信他们的希望是真的。经营者们自我欺骗地去相信“包装”后的权健产品和服务，以便更好地获得他人的

信任，如自称“权健是全世界拥有中医秘方最多的权威医疗机构”。消费者们自我欺骗地去相信他们想要的结果，而不是真实的现实。然而，自欺欺人背后的代价是惨重的，无数的家庭和个人深受其害，除了金钱的损失，受害者由于错误的治疗方法致伤、致残，或者由于无法进行科学及时的治疗而丧失生命的案例多不胜数。最终，在受害人的痛批与揭发下，权健于 2019 年 1 月因涉嫌传销犯罪和虚假广告犯罪，被公安机关立案侦查，束昱辉等犯罪嫌疑人被依法批准逮捕。

这个痛心的案例表明，自我欺骗不仅可能会伤害到自我欺骗的个体本身，还可能会造成他人个体的损失，甚至导致企业的破产（Chance et al.，2015）。这不禁让我们思考应该如何减少或消退自我欺骗，来避免不道德行为的发生，进而规避损失。这是一个社会问题，也是一个重要的心理学问题。大量的心理学研究发现，自我欺骗对个体和社会都有着消极的影响，自我欺骗使个体无法清楚地认知自己，不利于个体的长期发展。虽短期来看，自我欺骗是有回报的，但是从长远来看，自我欺骗将使个体付出高昂的代价（Lauria et al.，2016）。自我欺骗会以误导社会政策的形式，导致群体乃至社会的灾难，战争就是最昂贵的例子（Trivers，2000）。自我欺骗是一种道德虚伪的策略，它将个体的行为误认为是道德的，避免将其行为与道德标准进行比较（Batson et al.，1999），进而促使不道德行为、欺骗行为的发生，甚至导致企业的破产（Chance et al.，2015）、政府的腐败行为（Desai et al.，2017）和全球合作社会的破坏（Babino et al.，2018）。自我欺骗的心理是与生俱来的（Tenbrunsel & Messick，2004），自我欺骗被当作一种策略来处理自身利益与道德标准之间的冲突（Batson et al.，1999；Tang et al.，2018）。认识到自身的自我欺骗是困难的，而纠正自我欺骗是一项困难的任务，个体可以通过直面而非忽视自我欺骗，来减少自我欺骗的发生（Tenbrunsel & Messick，2004）。探究如何消退这种代价高昂的自我欺骗具有重大的理论和现实意义，不仅有助于个体和组织更好地监控自我和他人的自我欺骗行为，而且能进一步减轻自我欺骗对个体和社会的危害，以促进个体和社会的健康发展。所谓自知者明，拥有自我真实认知的能力，更有利于个体的长期发展。在现实的生活情境中，自我欺骗的消退不仅源自自我欺骗发生后的自我行为认知，也来源于他人或者组织在自我欺骗发生前、后的行为干预。因此，本研究采用前瞻性实验范式，通过消极反馈和作弊妨碍（自我欺骗发生前的不道德行为干预）来探究自我欺骗的消退机制。

第二节　研究问题

一、如何改进实验材料，使自我欺骗研究的前瞻性范式拓展至更广泛的人群？

前瞻性范式不仅可以用来研究个体内视角下的自我欺骗，也可以拓展至人际间视角下的自我欺骗。这一范式具有很好的操作性，而且可以避开回顾性范式无法测量无意识这一难题。但是，Chance 等人（2011）采用美国的知识题做实验材料来施测，由于美国和东方国家的社会认知与行为有着显著的差异（Norenzayan & Nisbett，2000；Yukiko & Shinobu，2009），美国的知识题实验材料显然并不适用更为广泛的其他被试。Kouchak 等人（2014）首次提出了红点视觉估计任务，要求被试估计比较屏幕红点图中对角线两侧红点的数量，使用该任务可以测量被试的欺骗倾向。这个实验任务被研究者应用于欺骗的研究，具有很好的操作性（范伟等人，2016）。基于自我欺骗与欺骗的关系理论，这种测量欺骗的“点估计”的实验任务是否同样适用于自我欺骗的研究，值得探究。因此，改进原前瞻性范式中实验材料为“点估计”任务材料，探究这种实验材料是否能够成功诱发自我欺骗，并验证该范式在中国文化背景下的有效性，能够使自我欺骗研究的前瞻性范式拓展至更广泛的人群，这对推进自我欺骗的研究具有重要的意义。

二、怎样才能削弱自我欺骗？消极反馈是不是一种自我欺骗消退的途径？

自我欺骗是尽管在面对相反证据时，个体仍会坚持自我的一种积极信念，那么这种信念怎样才能被削弱呢？信念调整理论认为当人们发现新信息和原有信念相矛盾时，会对原有的信念进行调整，以接受与原有信念相矛盾的信息，当面对矛盾信息时，不是完全改变原有的信念，而是对信念的强度进行重新调整（Johnson－Laird et al.，2004）。那么，自我欺骗中的积极信念是否遵循信念调整理论的规律，即在面对与积极信念矛盾的消极信息时，自我欺骗中的积极信念是否会得以削弱呢？前瞻性范式通过答案提示，诱导被试作弊来建立自我的积极信念，促使自我欺骗的发生。如果给被试提供消极反馈，自我欺骗会不会得以削弱？在积极信念建立之前或是之后提供消极反馈，自我欺骗的削弱又有着怎样的差异？因此，本研究通过给被试提供消极反馈，影响自我欺骗中的积极信念，以此考察自我欺骗的消退，为消退自我欺骗寻找新的途径。

三、重复多次在不同时间节点上的消极反馈，对自我欺骗消退有着怎样的影响？

Chance 等人（2011）通过金钱奖励的方式试图减少自我欺骗的发生，研究实验中，越能精确预测自己成绩的被试，越能获得更多的金钱奖励，结果表明金钱奖励并不能减少自我欺骗。之后，Chance 等人（2015）通过在连续 4 次测试中，中间 2 次测试后提供真实成绩反馈给被试，来研究自我欺骗的消退，结果表明，自我欺骗随着真实成绩反馈的重复出现才得以逐渐消退。这些结果表明，自我欺骗是坚固而难以消退的。那么，在消极反馈条件下，自我欺骗的消退是否会有着同样的结果？重复多次在不同时间节点上的消极反馈，对自我欺骗消退有着怎样的影响？这些问题还未可知，还需要继续探究。

四、在不同的消极反馈条件下，自我欺骗在时间进程中的消退存在着怎样的差异？

Sloman 等人（2010）的实验表明，相对于精确的（真实的）成绩反馈，模糊的成绩反馈更有利于自我欺骗的发生。Chance 等人（2015）的研究也证实了相同的观点：真实反馈能够有效地减少自我欺骗。自我欺骗是尽管在面对相反证据时，个体仍会坚持自我的一种积极信念（Mele，2001；Mitchell，2000）。对个体而言，不利于维持自我积极信念的真实反馈是一种消极反馈。

当真实反馈有利于维持自我积极信念时，自我欺骗没有发生的必要，因此，真实反馈对于自我欺骗者而言就是一种消极反馈。基于自我欺骗的模糊理论，可以把反馈分为无反馈、模糊反馈、真实反馈三种不同模糊程度的反馈，其中无反馈具有最高的模糊性。因此，我们把消极反馈分为模糊消极反馈和真实消极反馈，并以无反馈为对照条件，深入探讨自我欺骗在不同的消极反馈条件下，在时间进程中的消退存在着怎样的差异，意图能为消退自我欺骗提供更为深入的理论依据和行为证据。

五、作弊妨碍对自我欺骗消退有着怎样的影响?

自我欺骗的消退不仅可能源于自我欺骗发生后的自我行为认知，也可能源自他人在自我欺骗发生前、后的行为干预。自我欺骗是为了更好地欺骗他人（Hippel & Trivers，2011），欺骗与自我欺骗就如同一枚硬币的正反面（Turk，2012），彼此相互依存和影响。作弊妨碍是他人或组织给个体设置作弊障碍，以达到预防或减少作弊行为的目的，是一种针对不道德行为的干预。作弊就是一种欺骗行为（胡绍元，2006）。Chance 等人（2011）采用前瞻性范式，证明了作弊有利于更好地自我欺骗。那么，作弊妨碍对自我欺骗的消退有着怎样的影响，目前尚不清楚。本研究考察消极反馈条件下，作弊妨碍对自我欺骗消退的影响，意欲证实不道德行为的干预是可以实现自我欺骗消退的方法，以此丰富自我欺骗消退的理论。

六、自我欺骗消退的个体差异如何？是否受到个体自尊水平的影响?

有研究者认为自我欺骗与自尊有很大的相似性，它有助于人们在维持自尊的同时减少焦虑（Paulhus & John，1998）。研究者在探讨自我欺骗、自尊与情绪自传体记忆关系的研究时发现，自我欺骗与自尊显著正相关，对自尊有正向预测作用（蒲小波，2009）。不过也存在一些质疑，有研究者认为，一个具有高度自尊的人其自我欺骗的得分会很低，因为他意识到自己的局限性，并对个人成长持开放态度（Paglione，2010）。失败后自尊下降的程度与自我欺骗关系不大，自我欺骗并不能保护自尊不受到影响（Johnson et al.，1997）。目前自我欺骗与自尊之间关系的研究较少，并且存在一定的争议。进一步探讨自尊这一人格特质与个体自我欺骗的关系是很有意义的。本研究意在通过考察在消极反馈与作弊妨碍下，自我欺骗的消退是否受到个体自尊水平的影响，来探究自我欺骗消退的个体差异。

七、如何构建自我欺骗消退的影响因素模型？

以往的研究单独考察行为反馈、自尊、欺骗等因素对自我欺骗的影响，甚少有研究整合这些影响因素来探究这些因素的交互或者共同作用，更缺乏理论模型来解释自我欺骗的消退机制。本研究意图构建一个“自我欺骗消退的模型”，将消极反馈（模糊、真实）、不道德行为干预（作弊妨碍）和自尊水平等整合在一个理论框架中，系统地探究自我欺骗消退的机制，探寻在消极反馈与作弊妨碍下自我欺骗消退的变化规律。

第三节　研究思路

为了解决上述问题，本研究拟将在改进前瞻性范式实验材料的基础上，主要从消极反馈和作弊妨碍两个方面来开展自我欺骗消退机制的研究。研究中依次考察消极反馈、不同时间节点上的消极反馈、不同时间节点上不同的消极反馈（模糊、真实）对自我欺骗消退的影响；并进一步探究不同消极反馈条件下的作弊妨碍对自我欺骗消退的影响；最后对不同自尊水平个体，其自我欺骗消退的个体差异也进行了深入的研究。综合以上研究结果，本研究意欲构建一个自我欺骗消退的模型，将影响自我欺骗消退的各种因素整合在一个理论框架中，系统地揭示自我欺骗消退的机制。具体而言，本书拟定了 2 个章节 7 个行为实验来系统验证下述 5 个主要假设，研究框架见图 5－1。

（1）研究中改进的实验材料，可以将自我欺骗研究的前瞻性范式有效拓展至更广泛的群体。

（2）消极反馈是削弱自我欺骗的有效途径，多次重复的消极反馈可以有效促进自我欺骗的消退。

（3）真实消极反馈比模糊消极反馈更能有效地促进自我欺骗的消退。

（4）作弊妨碍能够有效地减少自我欺骗并能促进自我欺骗的消退。

（5）相比于低自尊者，高自尊者自我欺骗的消退要慢。

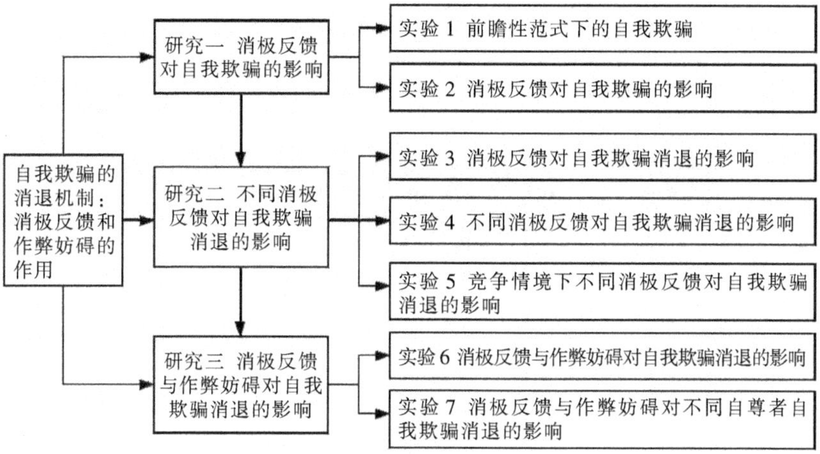

图 5-1 研究框架

第六章　消极反馈影响自我欺骗的实证研究

第一节　前瞻性范式下的自我欺骗
（实验 1）

一、问题的提出

欺骗他人可以获益，但是人们为什么要欺骗自己呢？进化心理学认为，自我欺骗可以成功地避开认知负荷、意识压抑、紧张等可以识别的线索，去更好地欺骗他人（Hippel & Trivers，2011）。欺骗和自我欺骗就像一枚硬币的两面，彼此相互依存和影响，自我欺骗演变为一种说服或欺骗他人而不被发现的策略，欺骗他人成为自我欺骗的手段（Dings，2017）。在前瞻性范式中，研究者通过提供被试答案提示，诱发被试作弊来取得好成绩，并建立对自我的积极信念。当人们觉得作弊是容易的、舒服的时，人们就不会觉得自己是在作弊，作弊带来的好成绩会被人们用以维持自我的积极信念，顺理成章地认为“我本来就能力高”。因此，前瞻性范式不仅可以用来研究个体内视角下的自我欺骗，也可以拓展至人际间视角下的自我欺骗。这一范式具有很好的操作性，而且可以避开回顾性范式无法测量无意识这一难题。但是，Chance 等人（2011）采用美国的知识题为实验材料来施测，由于美国和东方国家的社会认知与行为有着显著的差异（Norenzayan & Nisbett，2000；Yukiko & Shinobu，2009），美国的知识题实验材料显然并不适用更为广泛的其他被试。

Kouchaki 等人（2014）首次提出了红点视觉估计任务，使用该任务可以测量被试的欺骗倾向，该任务可简称为“点估计”任务。在这个任务中，红点图被设计为长方形，用一条对角线将其分为左右两边，要求被试估计比较屏幕红点图中对角线两侧红点的数量。这个实验任务也被研究者应用于欺骗的研究，具有很好的操作性（范伟，2016）。基于自我欺骗与欺骗的关系理论，这种测量欺骗的“点估计”的实验任务是否同样适用于自我欺骗的研究，值得探究。基于自我欺骗发生在模糊条件的理论，“点估计”任务中的红点图两边红点数量的模糊性，有可能促进自我欺骗发生。因此，研究 1 的第一个目的是改进原前瞻性范式中实验材料为“点估计”的任务材料，设计红点图中两边红点数量的模糊性，来有效促进自我欺骗的发生，探究这种实验材料能否成功诱发自我欺骗，并验证该范式在中国文化背景下的有效性，使自我欺骗研究的前瞻性范式能够拓展至更广泛的群体。

综上所述，本研究将改进前瞻性范式中实验材料为“点估计”的任务材料，通过设计能在计算机上进行的实验，探究这种实验材料能否成功诱发自我欺骗，并验证前瞻性范式在我国被试中的有效性

二、实验目的与假设

实验目的：通过将“前瞻性”范式中的实验材料改进为“点估计”实验材料，验证“前瞻性”范式在我国被试中的有效性。

实验假设：相比控制组，答案组被试受到答案提示的影响，在测试 1 中发生了作弊行为，建立了对测试成绩的积极信念，通过对未来测试 2 的高预测成绩来发生自我欺骗。

三、方法

（一）被试

招募非心理学专业大学生被试47名（19名男生，28名女生，平均年龄为20.48±0.69），均为右利手，视力正常或校正后正常。被试被随机分为答案组（25人）和控制组（22人），在实验后给予他们适当的报酬。

（二）实验设计

采用2（组别：答案组、控制组）×2（成绩类型：估计/预测、真实）的两因素的混合设计。组别为被试间变量，成绩类型为被试内变量，因变量是积极信念的建立（答案组测试1的估计成绩高于控制组）、作弊行为（答案组测试1的真实成绩高于控制组）和自我欺骗（答案组测试2的预测成绩高于控制组，且真实成绩无差异）。为了进一步探究答案提示诱发被试作弊，取得好成绩，进而引发自我欺骗，本实验把成绩类型作为实验的被试内变量。

（三）实验材料

红点图：本实验的基本材料为红点图，红点图设计为长方形，用一条对角线将其分为左右两边，总共39或40个红色圆点不均匀地分布在对角线两边。红点图是通过Flash CS6编写的小程序生成的，红点的位置是在限定的长方形范围内随机出现的。为了使生成的红点图便于被试观察，特意限定随机生成的每一个红点之间的距离大于一定的数值。随机生成的红点图截图后，复制至Photoshop CS6中进行后期字体、对角线添加等处理（见图6－1）。红点图曾被研究者应用于欺骗的研究，具有很好的操作性（范伟等，2016）。

“点估计”：实验设计的题为“点估计”任务，E－Prime程序会随机呈现红点图，每张图呈现为一个试次，每个试次呈现的时间为6秒，被试在来不及数点的前提下，直觉判断红点图对角线左右哪边的点数多或两边相等（左边多按F键，右边多按J键，两边相等按Y键）。为了增加答案的模糊性，所有红点图左右两边红点数特意设计为最多只相差一个（每边不是19个，就是20

个）。这样的个数差异，使得被试很难用肉眼准确判断出答案。红点图分为无答案提示的和有答案提示的。

测试 1 包括 10 道“点估计”任务题，其中答案组被试使用的是有答案提示的红点图，控制组被试使用的是无答案提示的红点图。测试 2 包括 50 道“点估计”任务题，答案组和控制组被试使用的都是无答案提示的红点图。对于每一组，测试 1 和测试 2 采用的总共 60 张红点图中，20 张图左右两边点数一样多，40 张图左右两边只有 1 个点差（20 个试次左边多，20 个试次右边多），这样的个数差异，使得被试很难用肉眼准确判断出答案，完全是在模糊的判断中选择。

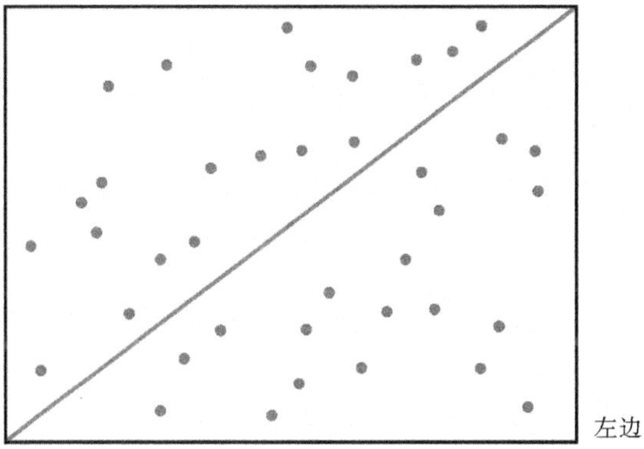

图 6–1　有答案提示的红点图

（四）实验程序

47 名被试在安装了 E – Prime 2.0 的电脑上完成测试，测试任务由测试 1 和测试 2 组成（见图 6 – 2）。测试之前，被试被告知“点估计”测试旨在对大学生的视觉观察能力进行调查，被试通过电脑上首先呈现的一个红点图和指导语来理解测试任务的要求和具体操作。

答案组被试通过指导语可以读到：“图下方有答案提示，你可以边做边检查答案，请做自己的题。”这是一句模糊指导语，故意让被试觉得，没有禁止他们看答案提示，但是却暗示他们使用答案来答题是错误的（Chance et al.，2015）。控制组完成相同的测试题，但没有答案提示和此指导语。被试首先完成包含 10 个题的测试 1，之后被试需要对这 10 个题的正确数进行估计，并对未来均无答案提示的测试 2（50 个题）的正确数进行预测，把正确个数输入到屏幕上，最后，完成均无答案提示的测试 2。

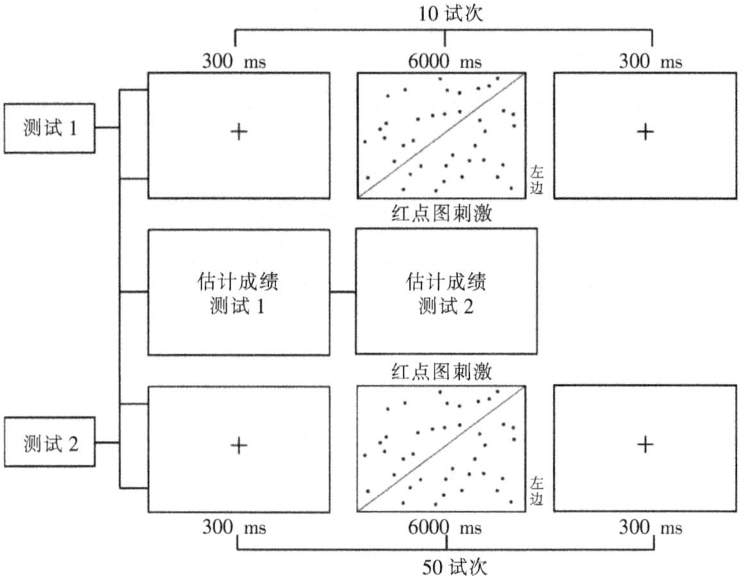

图 6-2 答案组实验程序流程图

（五）数据分析

我们通过答案组和控制组的估计成绩、预测成绩、真实成绩的组间比较，来测量自我欺骗。如果答案组的真实成绩显著高于控制组，说明答案组被试发生了作弊行为；如果答案组的估计成绩显著高于控制组，说明答案组被试建立了一个自我的积极信念：在这种测试中，我能取得好成绩。如果答案组被试测试 2 的预测成绩显著高于控制组，而两组被试的真实成绩无差异，则说明答案组的被试因为作弊引发了自我欺骗，会去高估测试 2 的预测成绩。

基于以上对被试作弊行为、积极信念的建立和自我欺骗测量的方法，数据分析采用软件 SPSS 24.0 中文版进行实验数据的录入与分析。采用 2（组别：答案组、控制组）×2（成绩类型：估计、真实）重复测量方差分析被试在测试 1 中的成绩差异，以此考察被试的作弊行为和积极信念的建立。采用 2（组别：答案组、控制组）×2（成绩类型：预测、真实）重复测量方差分析被试在测试 2 中的成绩差异，以此考察被试的自我欺骗行为。采用独立样本 T 检验，分析两组被试测试 1 估计成绩和真实成绩的差异，进一步考察作弊行为和积极信念的建立。为了比较两组被试测试 1 和测试 2 之间成绩的差异，我们把原始分数转换成百分比分数，并使用独立样本 T 检验进行分析。

四、结果

（一）测试 1 的估计成绩与真实成绩

重复测量方差分析结果发现：组别的主效应显著，$F_{(1,45)}=14.33$，$p<0.001$，$\eta_p{}^2=0.24$，答案组比控制组的成绩更高。成绩类型的主效应显著，$F_{(1,45)}=17.34$，$p<0.001$，$\eta_p{}^2=0.28$，估计成绩比真实成绩更高。组别与成绩的交互作用不显著，$F_{(1,45)}=0.33$，$p>0.05$，$\eta_p{}^2=0.01$。

本实验通过答案组和控制组的估计成绩与真实成绩的差异来考察作弊行为和积极信念的建立。为了更为精确地得到两组被试估计成绩和真实成绩的差异值，我们对两组被试的估计成绩和真实成绩进行了独立样本 T 检验，结果表明，相比控制组，答案组被试估计成绩更高，$t(45)=2.84$，$P=0.007$，$d=0.76$；答案组的真实成绩显著高于控制组，$t(45)=3.07$，$P=0.005$，$d=0.71$（见表 6－1、图 6－3）。

表 6－1　被试估计/预测成绩与真实成绩（$M \pm SD$）

	测试 1		测试 2	
	答案组	控制组	答案组	控制组
估计/预测成绩	6.57 ± 1.50	5.46 ± 1.42	33.81 ± 9.47	27 ± 9.62
真实成绩	5.67 ± 2.15	4.23 ± 1.17	19.9 ± 2.37	20.65 ± 3.81

（二）测试 2 的预测成绩与真实成绩

采用 2（组别：答案组、控制组）× 2（成绩类型：预测、真实）的混合设计的重复测量方差分析，结果发现：组别的主效应显著，$F_{(1,45)}=5.26$，$p<0.05$，$\eta_p{}^2=0.11$，答案组比控制组分数更高。成绩类型的主效应显著，$F_{(1,45)}=52.52$，$p<0.01$，$\eta_p{}^2=0.54$，预测成绩比真实成绩更高。组别与成绩

的交互作用显著，$F_{(1,45)}=7.32$，$p<0.01$，$\eta_p^2=0.14$。简单效应分析发现，答案组被试的预测成绩显著高于控制组，$F_{(1,45)}=7.11$，$p<0.05$；然而，两组被试的真实成绩无显著差异，$F_{(1,45)}=0.64$，$p>0.05$。此外，答案组和控制组被试的预测成绩均显著高于真实成绩，$F_{(1,45)}=44.76$，$p<0.001$，$F_{(1,45)}=11.54$，$p<0.001$（见表6-1、图6-3）。结果表明答案组被试确实因为受到答案提示的影响，诱发了积极的自我信念，进而过高预测自己的能力。

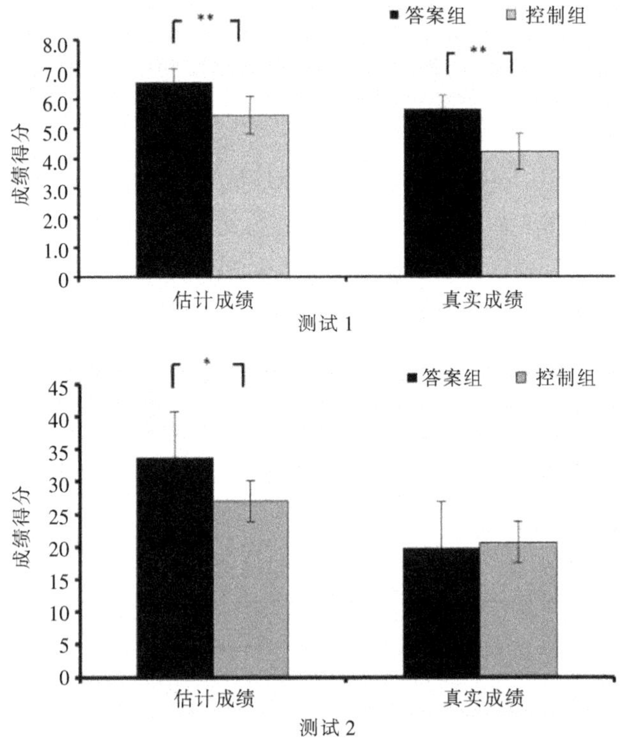

图 6-3　被试估计/预测成绩与真实成绩比较图

为了探究通过设置答案提示来影响答案组的成绩（估计和预测成绩）从而诱发的自我欺骗，我们把原始分数转换成百分比分数，并使用独立样本T检验来分析两组被试测试1和测试2之间成绩的差异。实验结果表明，答案组被试测试1中的估计成绩与测试2中的预测成绩没有显著性差异，$t(24)=-0.66$，$P=0.52$，$d=-0.15$，两次测试的真实成绩有显著性差异，$t(24)=3.99$，$P=0.001$，$d=1.24$。作为对照，控制组测试1的估计成绩与测试2中的预测成绩没有显著性差异，$t(21)=0.22$，$P=0.83$，$d=0.06$，两次测试的真实成绩没有显著性差异，$t(21)=0.50$，$P=0.62$，$d=0.11$。

五、讨论

实验1结果发现，测试1中组别的主效应显著，且答案组被试的真实成绩显著高于控制组，这说明答案组被试受到了答案提示的影响，被诱导实施了作弊。答案组被试在测试1中的估计成绩显著高于控制组，说明答案组被试建立了一个自我的积极信念：在这种测试中，我能取得好成绩。测试2中组别的主效应显著，且答案组被试的预测成绩显著高于控制组，而两组被试的真实成绩无差异，这说明答案组被试发生了自我欺骗。答案组被试通过测试1中的作弊，建立自我能在测试中取得好成绩的积极信念，进而自我欺骗地高估测试2的预测成绩。另外，控制组被试的测试1和测试2的所有成绩的百分比分数没有显著性差异，而答案组被试两次测试的真实成绩的百分比分数有显著性差异，估计与预测成绩的无差异，这些结果更加有力地证明了答案提示对答案组被试成绩的影响。

以上实验结果不仅符合之前的假设，也与Chance等人（2011）的研究结果是一致的。人们通过作弊，在测试中取得好成绩，但忽视有答案提示这个相反的消极证据，欺骗他们自己去相信他们能在未来测试中，取得更好成绩的积极信念，以此来反映他们的能力。本实验证明，采用“点估计”实验材料的前瞻性范式，能够在我国被试中有效地诱发自我欺骗，可以被广泛地应用在我国自我欺骗的实验研究中。

实验结果发现，两组被试的估计成绩大于真实成绩，预测成绩大于真实成绩，这说明大多数人有夸大他们智力、能力以及道德等方面的积极特质，通过高于实际水平的自我特质评价，来自我增强和维护一个积极的自我概念（Burson，Larrick，& Joshua，2006）。这个结果有利于我们避免将自我欺骗中的积极信念与其他概念重叠，如过度自信、积极错觉和自我增强等。追求真相对于人类的生存和繁衍非常重要，但是为什么个体会通过自我欺骗来对自我产生不真实的积极信念呢？现大部分研究者用信息偏差加工的理论来解释自我欺骗中积极信念的产生机制（Leer & McKay，2016）。自我欺骗发生在信息偏差加工的任何一个阶段，人们会根据自己的意愿有偏差地提取、偏误记忆和合理化不当行为来维护一个积极的自我评价。Hippel and Trivers（2011）认为自我欺骗是人们偏爱受欢迎信息胜过不受欢迎信息的一种方式，并反映了人们的目标或动机。并不是所有对信息的偏差加工都是自我欺骗，只有当人们在某种动机下，有意识地倾向于积极的信息，且无意识地回避相反的消极证据时，才被视为自我欺骗。因此，我们认为，不是所有的积极信念都是自我欺骗，只有人们在面对相反的消极证据时，还仍然坚持自我的一种积极信念才被视为自我欺骗。本实验中，控制组被试表现出的积极信念并不是自我欺骗，而答案组被试在面对相反的消极证据（有答案提示）时，无意识地回避消极证据，依旧坚持自我的积极信念才被视为自我欺骗。

那么，这种积极信念能否被相反的消极信念所改变呢？我们通过设计实验2来进一步探究自我欺骗中积极信念的可变性，即消极反馈对自我欺骗的影响。实验1中两组被试测试2的真实成绩平均数均低于自我的预测成绩（答案组：$19.9<33.81$，控制组：$20.65<27$），所以，实验2中的消极反馈设计为“你的测试成绩低”。

第二节　消极反馈对自我欺骗的影响

（实验2）

一、问题的提出

自我欺骗是尽管在面对相反的证据时，个体仍会坚持自我的一种积极信念，那么这种信念是如何被削弱的呢？信念调整理论认为，当人们发现新信息和原有信念矛盾时，会对原有的信念进行调整，以接受与原有信念矛盾的信息，当面对矛盾信息时，不是完全改变原有的信念，而是对信念的强度重新进行调整（Johnson－Laird et al.，2004）。那么，自我欺骗中的积极信念是否遵循信念调整理论的规律，即在面对与积极信念矛盾的消极信息时，自我欺骗中的积极信念是否会得以削弱呢？前瞻性范式通过答案提示诱使被试作弊，来建立对自我的积极信念，进而诱发自我欺骗。如果在信念建立之前提供消极反馈，自我欺骗会不会受到影响呢？因此，我们通过给被试提供消极反馈来影响自我欺骗中的积极信念，以此考察自我欺骗的发生。Sloman（2011）研究提供了自我欺骗的发生依赖模糊条件的理论，我们支持他的理论。相对于无反馈这样模糊的条件而言，任何反馈都是相对更精确的条件。由此，本研究的第二个目的是给被试消极反馈，考察是否会减少被试在未来测试中取得好成绩的积极信念。根据信念调整理论和自我欺骗的模糊理论，本研究假设相比模糊的无反馈条件，相对精确的消极反馈能削弱自我欺骗中的积极信念。综上所述，从信念调整理论的视角，提出消极反馈是削弱自我欺骗的一种途径，并设计相关的实验进行验证。

二、实验目的与假设

实验目的：旨在考察消极反馈对自我欺骗的影响。

实验假设：1. 在无反馈条件下，相比控制组，答案组被试受到答案提示的影响，在测试 1 中发生了作弊行为，建立了对测试成绩的积极信念，通过对未来测试 2 的高预测成绩来发生自我欺骗。2. 在消极反馈条件下，答案组被试受消极反馈的影响，通过减少测试 1 的估计成绩、真实成绩，来削弱积极信念的建立和作弊行为，以此降低测试 2 的预测成绩，阻碍了自我欺骗的发生。

三、方法

（一）被试

招募非心理学专业大学生被试 93 名（40 名男生，53 名女生，平均年龄为（20.45 ±0.71），均为右利手，视力正常或校正后正常。被试被随机分为答案组 48 人（消极反馈 28 人，无反馈 20 人）和控制组 45 人（消极反馈 20 人，无反馈 25 人），在实验后给予他们适当的报酬。

（二）实验设计

采用 2（组别：答案组、控制组）×2（反馈条件：消极、无反馈）的两因素被试间设计。组别和反馈条件为自变量，因变量是积极信念的建立（答案组测试 1 的估计成绩高于控制组）、作弊行为（答案组测试 1 的真实成绩高于控制组）和自我欺骗（答案组测试 2 的预测成绩高于控制组，且真实成绩无差异）。

（三）实验材料

同实验 1 的“点估计”材料。

（四）实验程序

对于消极反馈条件下的被试，在测试 1 结束后，电脑屏幕上给被试呈现“你的测试成绩低”的消极反馈，然后再让被试估计测试 1 的成绩，并预测测试 2 的成绩，其他与实验 1 相同（见图 6 –4）。

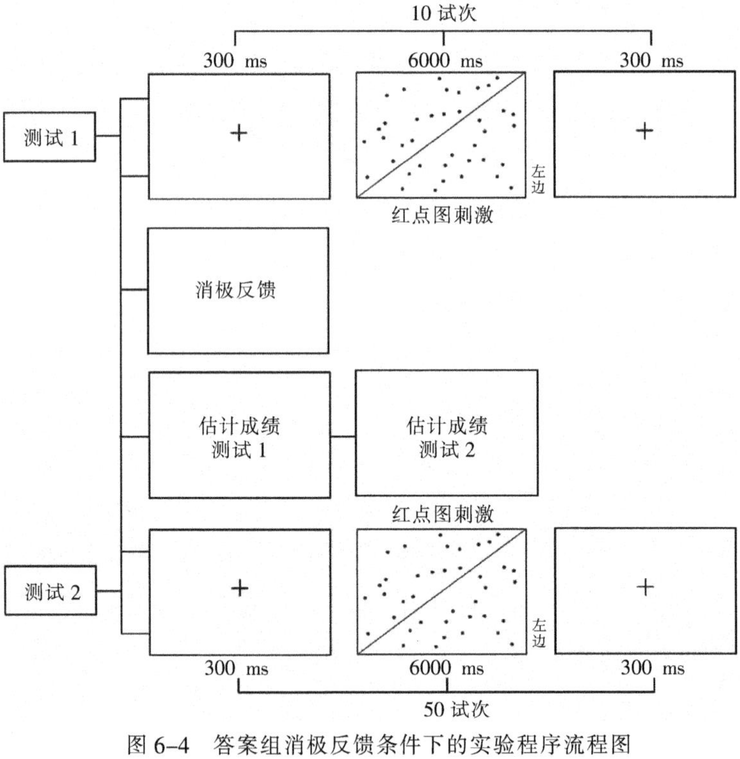

图 6–4　答案组消极反馈条件下的实验程序流程图

（五）数据分析

采用软件 SPSS 24.0 中文版进行实验数据的录入与分析。采用 2（组别：答案组、控制组）×2（反馈条件：消极、无反馈）两因素方差分析被试测试 1 和测试 2 的成绩差异，考察被试测试 1 中作弊行为、积极信念的建立和测试 2 中的自我欺骗行为。测试 1 中采用独立样本 T 检验，分析两组被试估计成绩和真实成绩的差异，进一步考察作弊行为和积极信念的建立。

四、结果

（一）测试 1 中估计成绩与真实成绩

对测试 1 的估计成绩和真实成绩分别进行两因素方差分析，结果发现：组别的主效应显著，答案组被试的估计成绩显著高于控制组 $F_{(1,89)}=4.61$，$p<0.05$，$\eta_p^2=0.05$；答案组被试的真实成绩也显著高于控制组，$F_{(1,89)}=10.60$，$p<0.05$，$\eta_p^2=0.11$。反馈条件的主效应显著，无反馈组的测试 1 的预测成绩显著高于消极反馈组，$F_{(1,89)}=28.64$，$p<0.001$，$\eta_p^2=0.23$。此外，组别与反馈条件的交互作用在测试 1 的估计成绩和真实成绩上均不显著，$F_{(1,89)}=0.54$，$p>0.05$，$\eta_p^2=0.01$，$F_{(1,89)}=0.26$，$p>0.05$，$\eta_p^2=0.01$。

为了进一步探究消极反馈能否通过减少估计成绩来减少积极信念，答案提示是否可以引发作弊行为和积极信念。我们使用了独立样本 T 检验来计算答案组和控制组的估计成绩和真实成绩的差异（见图 6-5）。消极反馈条件下的结果表明，答案组被试的估计成绩与控制组的无显著差异，$t(46)=1.03$，$p=0.31$，$d=0.31$，而答案组的真实成绩显著高于控制组，$t(46)=2.67$，$p=0.01$，$d=0.74$。无反馈条件下的结果表明，答案组和控制组的估计成绩和真实成绩均有显著性差异，$t(43)=1.20$，$p=0.05$，$d=0.89$，$t(43)=2.07$，$p=0.04$，$d=0.64$（见表 6-2、图 6-5）。

表 6-2　估计/预测成绩与真实成绩（$M \pm SD$）

		测试 1		测试 2	
		答案组	控制组	答案组	控制组
消极反馈	估计/预测成绩	4.57 ± 1.69	4.10 ± 1.37	23.40 ± 6.53	24.90 ± 8.57
	真实成绩	5.89 ± 2.77	4.25 ± 1.45	19.46 ± 2.73	19.55 ± 4.20
无反馈	估计/预测成绩	6.60 ± 1.50	5.64 ± 0.32	34.00 ± 9.54	27.49 ± 10.13
	真实成绩	5.50 ± 2.35	4.32 ± 1.11	20.05 ± 2.42	20.12 ± 4.52

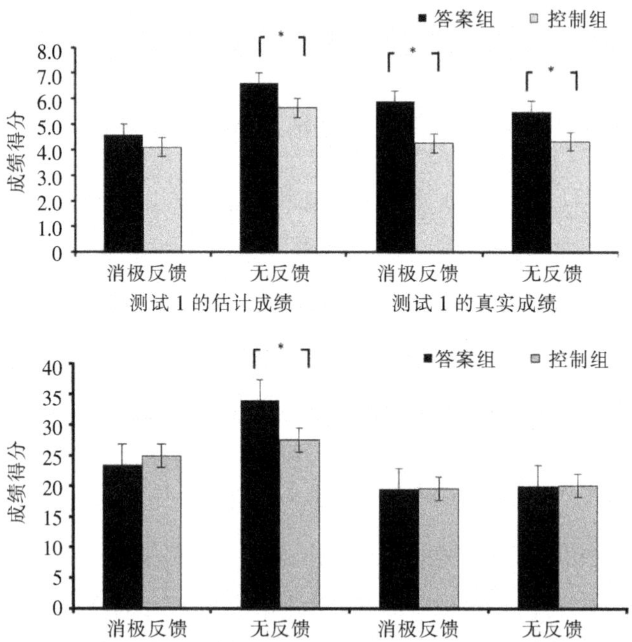

图 6-5　估计/预测成绩与真实成绩比较图

（二）测试 2 中预测成绩与真实成绩

对测试 2 的预测成绩和真实成绩分别进行两因素方差分析，结果发现：组别的主效应不显著，答案组被试的预测成绩与控制组的无显著差异，$F_{(1,89)} = 1.89$，$p > 0.05$，$\eta_p^2 = 0.02$；两组的真实成绩也无显著差异，$F_{(1,89)} = 0.11$，$p > 0.05$，$\eta_p^2 = 0.01$。反馈条件的主效应显著，无反馈条件下，测试 2 的预测成绩显著高于消极反馈条件下的预测成绩，$F_{(1,89)} = 13.07$，$p < 0.001$，$\eta_p^2 = 0.13$；但两种条件下的真实成绩无显著差异，$F_{(1,89)} = 0.60$，$p > 0.05$，$\eta_p^2 = 0.07$。此外，组别与反馈条件的交互作用在测试2的预测成绩上显著，$F_{(1,89)} = 4.84$，$p < 0.05$，$\eta_p^2 = 0.05$，而在真实成绩上未发现交互作用，$F_{(1,89)} = 0.02$，$p > 0.05$，$\eta_p^2 = 0.01$。

通过简单效应分析发现，在答案组中，无反馈条件下的被试测试2的预测成绩均显著高于消极反馈条件下的预测成绩，$F_{(1,89)} = 16.09$，$p < 0.001$；在控制组中，两类反馈条件下的被试测试2的预测成绩没有显著差异，$F_{(1,89)} = 0.77$，$p > 0.05$。在无反馈条件下，答案组被试测试2的预测成绩显著高于控制组的预测成绩，$F_{(1,89)} = 4.33$，$p < 0.05$；而在消极反馈条件下，答案组和控制组被试测试2的预测成绩上没有显著差异，$F_{(1,89)} = 0.92$，$p > 0.05$（见表6－2、图6－5）。

五、讨论

从实验2的测试1结果发现，组别和反馈条件的主效应均显著，这个结果表明被试的成绩受到了消极反馈的影响。在无反馈条件下，被试的估计成绩要显著大于真实成绩，而且答案组被试的估计成绩和真实成绩显著高于控制组的成绩，这说明被试看答案提示进行作弊来建立积极的自我信念，这与实验1和Chance等人（2011）的研究结果都是一致的。消极反馈条件下，答案组被试的估计成绩与控制组的无显著差异，但是答案组被试的真实成绩要显著高于控制组的成绩，这说明答案组被试发生了作弊行为，但是因受到消极反馈的影响，建立的积极信念被削弱了。测试2的结果发现，反馈条件的主效应均显著，组别主效应不显著，这说明答案组被试对成绩的积极信念受到消极反馈的影响，降低到了控制组的水平。在无反馈条件下，答案组被试的预测成绩要显著高于控制组，但是真实成绩无差异，这些结果说明答案组被试发生了自我欺骗，符合我们的假设，这与实验1和Chance等人（2011）的研究结果都是一致的。在消极反馈条件下，答案组和控制组被试的预测成绩和真实成绩均无显著差异，结果说明消极反馈削弱了自我欺骗。

实验结果表明，消极反馈通过影响被试在测试1后的积极信念，来削弱被试的自我欺骗，使被试不再过高估计自己未来测试 2 的成绩。我们的研究结果符合信念调整理论中通过不一致信念来改变信念的规律（Johnson - Laird et al.，2004），也符合我们的假设。大多数自我欺骗研究的回顾性范式中通过消极反馈来促使自我欺骗的发生，消极反馈是作为一个威胁被试的信息，促使被试行为的改变和主观的否认来诱发自我欺骗；但是我们提供的消极反馈是通过影响被试的积极信念来减少自我欺骗行为的发生，结果的差异是由于实验条件设定和对自我欺骗测量的不同所导致的。Sloman 等人（2010）的实验证明，相对于精确的反馈，模糊的反馈更有利于自我欺骗的发生，即自我欺骗发生依赖模糊条件理论的规律（Sloman et al.，2010）。我们的研究证明相对于无反馈这样模糊的条件而言，相对精确的消极反馈会减少其自我欺骗的发生，我们的结果也同样支持 Sloman 自我欺骗的模糊理论。此外，高自我意识与低自我欺骗有着正相关（Lynn，Pipitone，& Keenan，2014），这种消极反馈可能通过提高自我认知来减少自我欺骗中的积极信念。

总之，本研究在前瞻性范式中，开创性地采用了“点估计”实验材料，设计了能在计算机上进行的实验，结果验证了“前瞻性”范式对我国被试的有效性，这为将自我欺骗研究的前瞻性范式拓展至更广泛的群体奠定了条件。接着，从信念调整理论的视角，提出了消极反馈削弱自我欺骗这一新的途径，并通过实验进行了验证，这为削弱个体的自我欺骗提供了理论依据。

第三节　消极反馈对自我欺骗消退的影响
（实验 3）

一、问题的提出

以往，只有少量的研究探讨过自我欺骗的消退。Chance 等人（2015）对前瞻性实验范式进行了修订，在原范式 2 次测试的基础上，增加了 2 次无答案提示的测试（总共 4 次测试），研究证明了真实成绩反馈能够减少自我欺骗，重复多次的真实成绩反馈可以让自我欺骗逐渐消退。另外，Sloman

等人（2010）的研究表明，在测试阶段，快速组在真实成绩反馈下的点跟踪速度要慢于模糊成绩反馈，这说明真实反馈同样能够减少自我欺骗的发生。

以上的两个研究表明，个体行为的真实反馈是干预自我欺骗消退的有效途径。自我欺骗是个体在面对相反的证据时，仍会坚持的一种积极信念。相对个体的积极信念而言，相反的证据就是消极证据，而这种消极证据是个体在社会情境中真实存在的。自我欺骗是为了某个动机去偏好积极信息而回避那些真实的消极信息（Hippel & Trivers，2011）。因此，个体行为的真实反馈对于发生自我欺骗的个体而言就是消极反馈。信念调整理论认为当人们发现新信息和原有信念矛盾时，会对原有的信念进行调整，不是完全修改原来的信念，而是重新调整其强度（Johnson et al.，2004）。根据信念调整理论，自我欺骗中的积极信念可以通过不一致信念来调整，即消极信念可能调整和消退自我欺骗。Liu 等人（2019）采用前瞻性范式考察了消极反馈对自我欺骗中积极信念的影响，研究表明了自我欺骗发生前的消极反馈会阻碍个体积极信念的建立，削弱个体未来的积极信念来减少自我欺骗的发生，这为自我欺骗的消退提供了新思路。

前人的研究发现（Chance et al.，2015；Tang et al.，2018），真实反馈需要通过多次反馈后才能将自我欺骗减少到控制组的水平，但是我们的研究并没有发现这样的现象。这可能是因为我们设定的消极反馈出现在测试 1 之后、估计成绩之前，消极反馈通过影响被试积极信念的建立来减少自我欺骗的发生，而 Chance（2015）的研究是把反馈放在测试 2 之后。据此，我们推测，消极反馈出现在测试前后不同的时间点，可能会对自我欺骗的消退存在不同的影响。接下来的研究，准备将消极反馈设定在测试 2 之后，来考察在不同的时间点（实验 2 的测试 1 之后和实验 3 的测试 2 之后）提供的消极反馈对个体自我欺骗影响的差异。

Chance 等人（2015）通过在连续 4 次测试中，中间 2 次测试后提供真实成绩反馈给被试，来研究自我欺骗的消退，研究发现，自我欺骗随着真实成绩反馈的重复出现才得以逐渐消退。这些结果表明，自我欺骗是坚固而难以消退的。那么，在消极反馈条件下，自我欺骗的消退是否会有着同样的结果？在个体建立积极信念之后，重复多次的不同时间节点上的消极反馈对自我欺骗的消退有着怎样的影响？这些问题还未可知。

综上所述，本研究需要进一步探究下面的问题：第一，实验3将消极反馈设定在测试2之后，来考察在不同的时间点（实验2测试1之后和实验3的测试2之后），提供的消极反馈对个体自我欺骗影响有着怎样的差异；第二，个体在建立积极信念之后，重复多次的不同时间节点上的消极反馈对自我欺骗的消退有着怎样的影响；第三，组间和组内比较的两种方法测量出的自我欺骗行为上有什么异同？综合前人的研究和以上提出的三个问题，我们在Chance等人（2015）与实验1、2的基础上，采用前瞻性范式，通过把消极反馈设定在个体积极信念建立之后的实验3，来考察自我欺骗在多次重复的消极反馈条件下，在时间进程中的消退，以及在两种测量方法下自我欺骗行为表现的异同。

二、实验目的与假设

实验目的：旨在考察重复多次不同时间节点上的消极反馈（连续4次测试中的中间2次测试后，提供消极反馈），对自我欺骗消退的影响。

实验假设：（1）相比控制组，无反馈和消极反馈条件下的答案组被试受到答案提示的影响，在测试1中发生了作弊，建立了对测试成绩的积极信念，对未来测试2的成绩有着更高预测来发生自我欺骗。（2）答案组被试测试3和测试4的预测成绩，会受2次消极反馈的影响，自我欺骗逐渐消退。

三、方法

（一）被试

招募非心理学专业大学生被试64名（男生56名，女生8名，平均年龄为19.45±0.65），均为右利手，视力正常或校正后正常。被试被随机分为答案组（34名）和控制组（30名），在实验后给予他们适当的报酬。

（二）实验设计

实验设计：2（反馈类型：无反馈、消极反馈）×2（组别：答案组、控制组）混合设计。消极反馈类型为被试内变量，组别为被试间变量，因变量是积极信念的建立（答案组测试1的估计成绩高于控制组）、作弊行为（答案组测试1的真实成绩高于控制组）和自我欺骗（答案组测试2、3、4的预测成绩高于控制组，且真实成绩无差异，或答案组测试2、3、4的组内预测成绩高于真实成绩）。

（三）实验材料

本次实验采用160张红点图，每次测试均采用20张红点图，其中7张图中左边点多，7张图中右边点多，6张图中左右两边点相等。其他同实验1中"点估计"材料。

（四）实验程序

每位被试需要进行两种条件下的测试，先进行无反馈条件下的测试，再进行消极反馈条件下的测试。完成无反馈条件下的测试后，由被试自主选择休息时间的长度，再进行消极反馈条件下的测试。消极反馈条件下的实验程序见图6-6所示：被试在完成测试1后，估计自己测试1的成绩，并预测将要进行的测试2的成绩；在完成测试2以后，给予被试第一次消极反馈"你的成绩低于被试的平均水平"，并让其预测将要进行的测试3的成绩；在完成测试3以后，给予被试第二次消极反馈，并让其预测将要进行的测试4的成绩，最后完成测试4。无反馈条件下的实验程序与上述程序唯一的区别，就是没有提供被试消极反馈。其他与实验1一致，答案组被试测试1的材料下面有答案提示，控制组则没有。

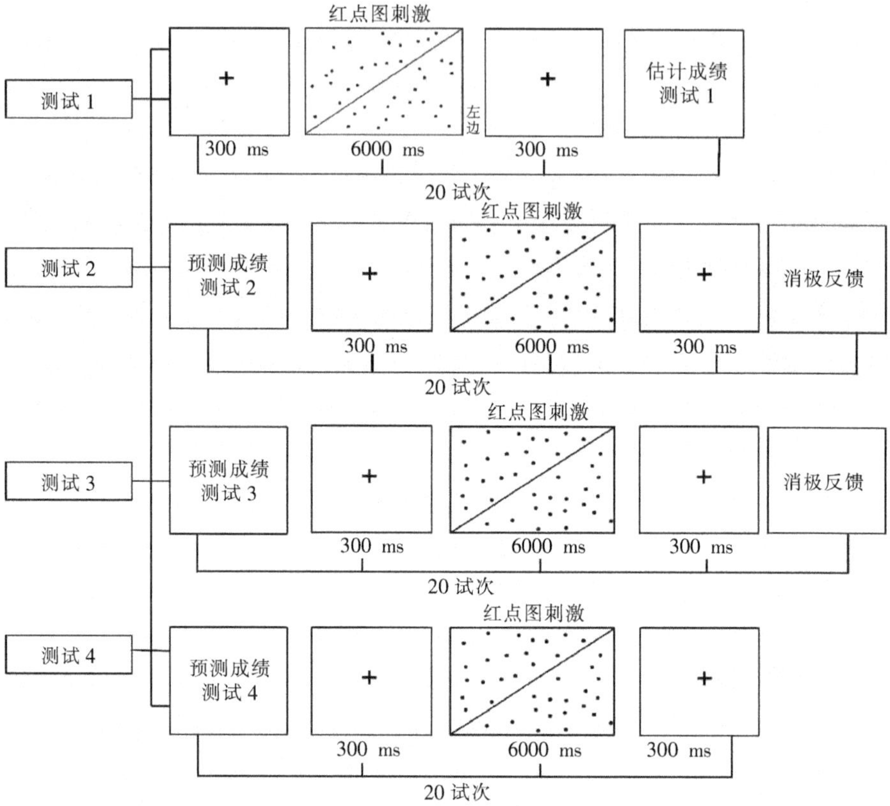

图 6–6　消极反馈条件下答案组的实验流程图

（五）数据分析

采用软件 SPSS 24.0 中文版进行实验数据的录入与分析。采用 2（反馈类型：无反馈、消极反馈）×2（组别：答案组、控制组）重复测量方差，分析测试 1 和测试 2、3、4 中的组别与消极反馈条件下被试的成绩差异，考察不同条件下的被试在测试 1 中积极信念的建立与作弊行为、测试 2 中的自我欺骗，以及测试 3、4 中自我欺骗的消退。运用多变量方差分别计算有无消极反馈条件下，两组被试测试 1 中的真实成绩、估计成绩的组间差异，来考察各组被试作弊行为与积极信念。通过计算有无消极反馈条件下两组被试测试 2、3、4 中预测成绩的差异，来揭示组间比较测量的自我欺骗及其消退。采用配对样本 T 检验，计算在有无消极反馈条件下答案组组内的预测成绩和真实成绩的差异，来考察组内比较测量的自我欺骗及其消退。同时，配对样本 T 检验也应用在控制组，计算在有无消极反馈条件下组内预测成绩和真实成绩的差异，因自我欺骗不发生在控制组，所以控制组结果只用于与答案组的结果进行参照对比。

四、结果

（一）测试 1 的估计成绩和真实成绩

重复测量方差分析表明：估计成绩的组别主效应显著，答案组被试的估计成绩显著高于控制组，$F_{(1,62)}=27.37$，$p<0.001$，$\eta_p^2=0.31$。估计成绩的反馈条件主效应不显著，无反馈条件和消极反馈条件的估计成绩没有显著差异，$F_{(1,62)}=1.09$，$p>0.05$，$\eta_p^2=0.02$。另外，真实成绩的组别主效应显著，答案组被试的真实成绩也显著高于控制组，$F_{(1,62)}=41.22$，$p<0.001$，$\eta_p^2=0.40$；真实成绩的反馈条件主效应不显著，$F_{(1,62)}=2.18$，$p>0.05$，$\eta_p^2=0.03$。估计成绩和真实成绩下组别与反馈条件的交互作用均不显著，$F_{(1,62)}=1.28$，$p>0.05$，$\eta_p^2=0.02$，$F_{(1,62)}=0.32$，$p>0.05$，$\eta_p^2=0.01$（见表 6－3，图 6－7）。

表 6－3　估计/预测成绩与真实成绩（$M\pm SD$）

			测试 1	测试 2	测试 3	测试 4
无反馈	答案组	估计/预测成绩	13.65±3.67	12.65±2.47	11.18±2.61	11.24±2.23
		真实成绩	13.50±5.03	7.15±2.20	7.91±2.11	8.32±1.87
	控制组	估计/预测成绩	10.13±2.86	10.97±2.46	10.43±3.20	10.53±3.30
		真实成绩	8.23±2.22	7.43±1.94	7.63±1.92	7.57±1.92
消极反馈	答案组	估计/预测成绩	13.68±3.33	11.44±2.43	9.62±2.22	8.97±2.02
		真实成绩	14.47±5.06	8.47±2.02	7.71±2.39	8.24±1.88
	控制组	估计/预测成绩	9.40±3.07	10.10±2.78	8.67±2.40	8.13±2.18
		真实成绩	8.67±1.79	8.53±1.18	7.30±2.58	8.07±2.24

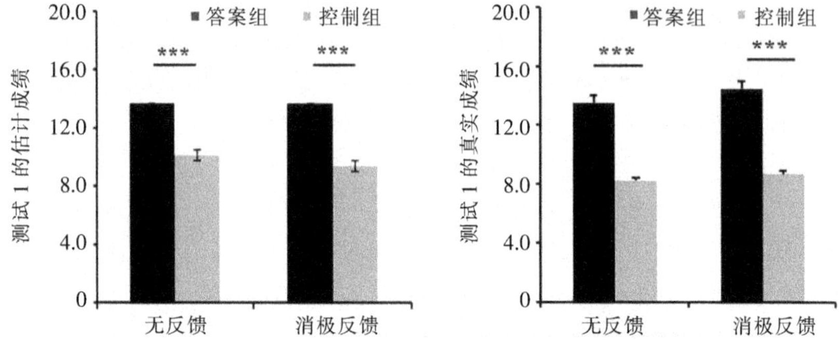

图 6-7　测试 1 的估计成绩和真实成绩比较图

为了进一步揭示被试的作弊行为和对测试成绩积极信念的建立，采用多变量方差分析计算无反馈和消极反馈条件下的两组被试的真实成绩和估计成绩之间的差异。无反馈条件下的答案组估计成绩和真实成绩显著高于控制组，$F_{(1,62)}=17.90$，$p<0.001$，$\eta_p^2=0.22$，$F_{(1,62)}=28.30$，$p<0.001$，$\eta_p^2=0.31$，消极反馈条件下的答案组估计成绩和真实成绩显著高于控制组，$F_{(1,62)}=28.30$，$p<0.001$，$\eta_p^2=0.31$，$F_{(1,62)}=35.52$，$p<0.001$，$\eta_p^2=0.36$。

（二）测试 2、3、4 的预测成绩与真实成绩

1. 组间比较

测试 2 的重复测量方差分析表明：预测成绩的组别主效应显著，答案组被试的预测成绩显著高于控制组，$F_{(1,62)}=7.42$，$p<0.01$，$\eta_p^2=0.11$。预测成绩的反馈条件主效应显著，无反馈条件下的预测成绩显著高于消极反馈条件下的预测成绩，$F_{(1,62)}=11.32$，$p<0.001$，$\eta_p^2=0.15$。真实成绩的组别主效应不显著，$F_{(1,62)}=1.16$，$p>0.05$，$\eta_p^2=0.02$；真实成绩的反馈条件主效应显著，消极条件下的真实成绩显著高于无反馈条件下的真实成绩，$F_{(1,62)}=16.10$，$p<0.001$，$\eta_p^2=0.21$。预测成绩和真实成绩下组别与反馈条件的交互作用均不显著，$F_{(1,62)}=0.30$，$p>0.05$，$\eta_p^2=0.01$，$F_{(1,62)}=0.11$，$p>0.05$，$\eta_p^2=0.01$。

测试 3 的重复测量方差分析表明：预测成绩的组别主效应不显著，答案组被试的预测成绩与控制组无显著性差异，$F_{(1,62)}=2.16$，$p>0.05$，$\eta_p^2=0.03$；

预测成绩的反馈条件主效应显著，无反馈条件下的预测成绩显著高于消极反馈条件下的预测成绩，$F_{(1,62)} = 28.18$，$p < 0.001$，$\eta_p^2 = 0.31$。真实成绩的组别主效应不显著，$F_{(1,62)} = 0.66$，$p > 0.05$，$\eta_p^2 = 0.01$；真实成绩的反馈条件主效应不显著，$F_{(1,62)} = 0.66$，$p > 0.05$，$\eta_p^2 = 0.01$。预测成绩和真实成绩下组别与反馈条件的交互作用均不显著，$F_{(1,62)} = 0.34$，$p > 0.05$，$\eta_p^2 = 0.01$，$F_{(1,62)} = 0.03$，$p > 0.05$，$\eta_p^2 = 0.01$。

测试 4 的重复测量方差分析表明：预测成绩的组别主效应不显著，答案组被试的预测成绩与控制组无显著性差异，$F_{(1,62)} = 2.20$，$p > 0.05$，$\eta_p^2 = 0.03$。预测成绩的反馈条件主效应显著，无反馈条件下的预测成绩显著高于消极反馈条件下的预测成绩，$F_{(1,62)} = 48.67$，$p < 0.001$，$\eta_p^2 = 0.44$。真实成绩的组别主效应不显著，$F_{(1,62)} = 0.29$，$p > 0.05$，$\eta_p^2 = 0.03$；真实成绩的反馈条件主效应不显著，$F_{(1,62)} = 2.20$，$p > 0.05$ $\eta_p^2 = 0.03$。预测成绩和真实成绩下组别与反馈条件的交互作用均不显著，$F_{(1,62)} = 0.04$，$p > 0.05$，$\eta_p^2 = 0.01$，$F_{(1,62)} = 0.59$，$p > 0.05$，$\eta_p^2 = 0.01$。

为了进一步揭示测试 2、3、4 中无反馈和消极反馈条件下，答案组被试和控制组被试的预测成绩之间的差异，采用多变量方差分析计算两组被试 3 次测试中的预测成绩，来考察被试的自我欺骗行为及其消退。无反馈条件下，测试 2 的答案组被试预测成绩显著高于控制组的预测成绩，$F_{(1,62)} = 7.41$，$p < 0.01$，$\eta_p^2 = 0.11$，测试 3 和测试 4 的答案组被试预测成绩与控制组的无显著差异，$F_{(1,62)} = 1.05$，$p > 0.05$，$\eta_p^2 = 0.02$，$F_{(1,62)} = 1.12$，$p > 0.05$，$\eta_p^2 = 0.02$；消极反馈条件下，测试 2 的答案组被试的预测成绩显著高于控制组的预测成绩，$F_{(1,62)} = 4.24$，$p < 0.05$，$\eta_p^2 = 0.06$，测试 3 和测试 4 的答案组被试的预测成绩与控制组的无显著差异，$F_{(1,62)} = 2.72$，$p > 0.05$，$\eta_p^2 = 0.04$，$F_{(1,62)} = 2.54$，$p > 0.05$，$\eta_p^2 = 0.04$（见图 6 - 8，表 6 - 1）。

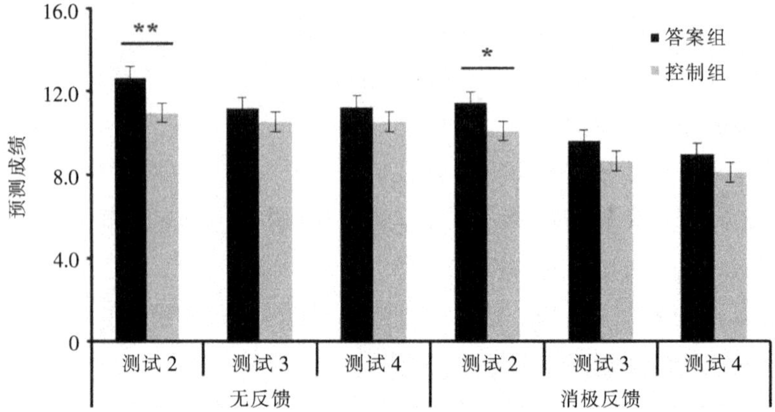

图 6-8　测试 2、3、4 的预测成绩比较图

2. 组内比较

答案组配对样本 T 检验结果表明，在无反馈条件下，测试 2、测试 3 和测试 4 的预测成绩显著高于真实成绩：测试 2 [t（33）=8.80，p<0.001，d=2.35]，测试 3 [t（33）=5.22，p<0.001，d=1.53]，测试 4 [t（33）=6.92，p<0.001，d=1.42]；在消极反馈条件下，测试 2 和测试 3 的预测成绩显著高于真实成绩：测试 2 [t（33）=5.00，p<0.001，d=1.33]，测试 3 [t（33）=3.45，p=0.002，d=0.82]。测试 4 的预测成绩与真实成绩无差异，测试 4 [t（33）=1.49，p=0.14，d=0.37]（见图 6-9）。

控制组配对样本 T 检验结果表明，在无反馈条件下，测试 2、测试 3 和测试 4 的预测成绩显著高于真实成绩：测试 2 [t（29）=5.38，p<0.001，d=1.60]，测试 3 [t（29）=4.60，p<0.001，d=1.07]，测试 4 [t（29）=3.83，p=0.001，d=1.10]；在消极反馈条件下，测试 2 的预测成绩与真实成绩有显著差异，测试 2 [t（29）=1.88，p=0.07，d=0.57]，测试 3 和测试 4 的预测成绩与真实成绩无显著差异：测试 3 [t（30）=1.94，p=0.06，d=0.55]，测试 4 [t（29）=0.12，p=0.91，d=0.03]（见图 6-9）。

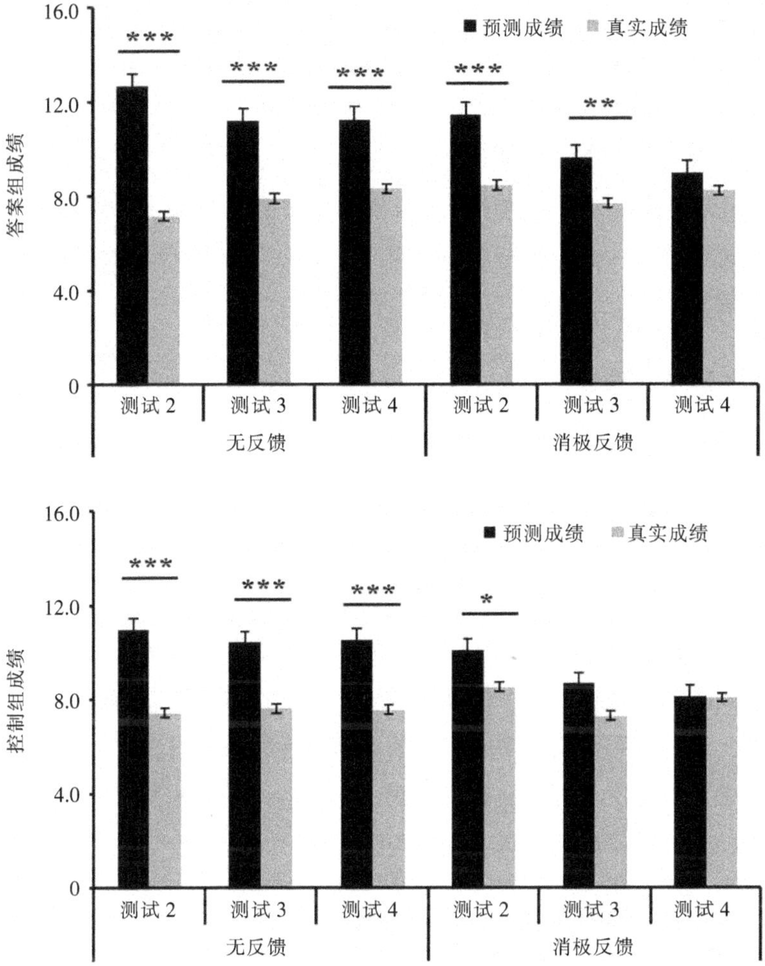

图 6–9　测试 2、3、4 的预测成绩与真实成绩比较图

五、讨论

（一）作弊行为与积极信念的建立

实验 3 旨在通过提供 2 次消极反馈，来考察自我欺骗在多次重复的消极反馈条件下，在时间进程中的消退。测试 1 旨在考察答案提示是否诱发被试的作弊行为，以及通过作弊来建立对自我测试成绩的积极信念。结果发现，在无反

馈和消极反馈下，答案组被试的真实成绩和估计成绩显著高于控制组，这说明答案组被试受答案提示的影响，发生了作弊行为，并建立了高估测试成绩的积极信念。研究结果符合我们的假设，这也与实验1研究结果是一致的。按照实验的设定，在测试1中，均没有给各组被试提供成绩反馈，反馈条件不是测试1考察的因素，实验1发现的估计成绩和真实成绩反馈条件主效应均不显著的结果，正说明了这一点。测试1中标明反馈条件下的组别结果，是为了分类呈现结果的需要。

（二）自我欺骗行为

实验3通过测试2来考察答案提示诱发的自我欺骗行为。从测试2组间比较的实验结果发现，答案组被试的预测成绩显著高于控制组，真实成绩无显著性差异；组内比较的实验结果发现，答案组被试的预测成绩显著高于真实成绩，这些结果表明答案组被试发生了自我欺骗，这与研究1的研究结果是一致的，符合我们的假设。另外，从测试2的实验结果发现，无反馈条件下的预测成绩显著高于消极反馈条件下的预测成绩，但是答案组被试的预测成绩显著高于控制组。这些结果说明，由于采用的反馈条件为被试内变量，被试需要完成两个反馈条件的多次测试，随着多次测试的进行，被试的预测成绩可能有着自然的削减，但这并不影响自我欺骗行为的发生。

（三）消极反馈对自我欺骗消退的影响

在实验2之后，在不同时间节点上（在测试3之前和测试4之前）提供被试重复2次的消极反馈，来考察自我欺骗在多次重复的消极反馈条件下，在时间进程中的消退。组间比较的实验结果发现，在测试3和测试4中，答案组被试的预测成绩与控制组的无显著性差异，无反馈条件下的预测成绩显著高于消极反馈条件下的预测成绩。这些结果表明被试受到消极反馈的影响，减少了对测试成绩的积极信念。在测试3时，自我欺骗行为消退到控制组的水平。实验2的结果表明，消极反馈通过影响被试在测试1后的积极信念，来削弱被试的自我欺骗，使被试不再过高估计自己未来测试的成绩（Liu et al.，2019）。即便我们在实验3中调整了消极反馈的时间点（第二次测试后），但组间比较的测量结果与实验2的研究结果相似：在一次反馈后，实验3的预测成绩降低到了控制组的水平，这说明消极反馈消退了组间比较下可观察到的自我欺骗。但值得注意的是，从组内比较的实验结果发现，答案组被试测试3的预测成绩显著高于真实成绩，其测试4的预测成绩与真实成绩没有显著性差异。组内比较的结果表明自我欺骗不会在消极反馈后立即消失，而会在测试的时间进程中逐渐消退。

（四）研究局限

从上述结果可以发现，实验3组间比较和组内比较下可观察的自我欺骗结果是不同的。那么，这种差异和影响是什么原因导致的呢？以往的研究表明，自我欺骗受到动机的影响（范伟等人，2017），实验3有可能缺乏外部动机致使自我欺骗的强度不够，导致其难以消退的现象不能在组间比较测量中可见。如果加大被试作弊的动机来诱发更大的积极信念，自我欺骗又会受到怎样的影响？在实验4中，我们增加了金钱奖励作为奖赏动机，意图诱发被试更大的积极信念，来进一步考察不同消极反馈对自我欺骗消退的影响。

第四节　不同消极反馈对自我欺骗消退的影响
（实验4）

一、问题的提出

Sloman等人（2010）的实验表明，相对于精确的（真实的）成绩反馈，模糊的成绩反馈更有利于自我欺骗的发生；Chance等人（2015）的研究也证实了相同的观点：真实反馈能够有效地减少自我欺骗。自我欺骗是尽管在面对相反的证据时，个体仍会坚持自我的一种积极信念（Mele，2001；Mitchell，2000）。对个体而言，不利于维持自我积极信念的真实反馈是一种消极反馈。当真实反馈有利于维持自我积极信念时，自我欺骗没有发生的必要。因此，真实反馈对于自我欺骗者而言就是一种消极反馈。基于自我欺骗的模糊理论，可以把反馈分为无反馈、模糊反馈、真实反馈三种不同模糊程度的反馈，其中无反馈具有最高的模糊性。因此，我们把消极反馈分为模糊消极反馈和真实消极反馈，并以无反馈为对照条件，深入探讨自我欺骗在不同的消极反馈条件下，在时间进程中的消退存在的差异，为消退自我欺骗提供更为深入的理论依据和行为证据。

Chance 等人（2011）的前瞻性范式，均运用测试 1 中答案组的估计成绩和真实成绩显著高于控制组来测量作弊行为与积极信念的建立；测试 2 中答案组和控制组的预测成绩与真实成绩的组间比较来测量自我欺骗，即答案组的预测成绩高于控制组，而真实成绩组间无差异，说明被试发生了自我欺骗。Chance 等人（2015）采用测试 2、3、4 中答案组的预测成绩和真实成绩的组内比较来测量自我欺骗，如果预测成绩显著高于真实成绩，则被视为自我欺骗。组间比较的自我欺骗测量，便于观测到研究中基于答案组和控制组比较的自我欺骗。组内比较的自我欺骗测量，便于观测到研究中被试个体内的自我欺骗及其变化。但这两种测量方法所观测到的自我欺骗行为是否一致或有什么差异，还值得进一步探究。

综上所述，本研究需要进一步探究下面的问题：重复多次的不同时间节点上的不同模糊程度的消极反馈，对自我欺骗的影响有何异同？通过实验 4，设定多次重复真实消极反馈和模糊消极反馈，来考察自我欺骗在不同的消极反馈条件下，在时间进程中消退的差异。

二、实验目的与假设

实验目的：在实验 3 的基础上，进一步考察不同消极反馈对自我欺骗消退的影响。

实验假设：（1）测试 1 中，不同反馈条件下的答案组被试受到答案提示的影响，发生了作弊行为并建立了对测试成绩的积极信念；（2）相比控制组，受到测试 1 中建立的积极信念的影响，三种反馈条件下的答案组被试对测试 2 有着更高的预测成绩，均发生了自我欺骗；（3）无反馈条件下的自我欺骗高于模糊和真实消极反馈条件下的自我欺骗，模糊消极反馈条件下的自我欺骗要高于真实消极反馈条件下的自我欺骗；（4）测试 3 和测试 4 的预测成绩在不同反馈条件下有差异，模糊消极反馈条件下自我欺骗比真实消极反馈条件下自我欺骗消退得更慢。

三、方法

（一）被试

招募非心理学专业大学生被试 79 名（男生 55 名，女生 24 名，平均年龄为 19. 65 ±0. 45），均为右利手，视力正常或校正后正常。被试被随机分为答案组（38 名）和控制组（41 名）。

（二）实验设计

实验设计：3（消极反馈类型：无、模糊、真实）×2（组别：答案组、控制组）混合设计。消极反馈类型为被试内变量，组别为被试间变量，因变量是积极信念的建立（答案组测试 1 的估计成绩高于控制组）、作弊行为（答案组测试 1 的真实成绩高于控制组）和自我欺骗（答案组测试 2、3、4 的预测成绩高于控制组且真实成绩无差异，或答案组测试 2、3、4 的组内预测成绩高于真实成绩）。

（三）实验材料

本次实验采用 240 张红点图，其他同实验 3。

（四）实验程序

每位被试需要进行三种条件下的测试，先进行无反馈条件下的测试，再进行模糊消极反馈条件下的测试，最后进行真实消极反馈条件下的测试。完成一种条件下的测试后，由被试自主选择休息时间的长度，再进行下一种条件下的测试。在实验开始之前，被试会被告知：实验会根据您的正确率来付被试费，每个正确答案得 0. 1 元，最高可获得 24 元被试费。模糊是一个相对的概念，无反馈是最高的模糊反馈，相对于无反馈条件，实验设置的消极反馈是一个相对精确的反馈（Liu et al. ，2019），而相对于真实反馈，本实验设置的消极反馈是模糊消极反馈。在模糊消极反馈条件下，提供给被试的消极反馈为“你的成绩低于被试的平均水平”；真实反馈条件下，反馈给被试的成绩为真实成绩，如“你本次测试的正确个数为9”。其他实验程序同实验3。

（五）数据分析

采用软件SPSS 24.0中文版进行实验数据的录入与分析。采用3（消极反馈类型：无、模糊、真实）×2（组别：答案组、控制组）重复测量方差，分析测试1和测试2、3、4中的组别与消极反馈条件下被试的成绩差异，考察组别与消极反馈条件对测试1中被试积极信念的建立、作弊行为的影响和对测试2、3、4中的自我欺骗消退的影响。运用多变量方差分别计算不同消极反馈条件下，两组被试测试1中真实成绩、估计成绩的组间差异，来考察各组被试作弊行为与积极信念。通过计算不同消极反馈条件下两组被试测试2、3、4中预测成绩的差异，来揭示组间比较下可观察到的自我欺骗及其消退。采用配对样本T检验，计算在不同消极反馈条件下答案组被试组内的预测成绩和真实成绩的差异，来考察组内比较下可观察到的自我欺骗及其消退。同时，配对样本T检验也应用在控制组，计算在不同消极反馈条件下组内预测成绩和真实成绩的差异，因自我欺骗不发生在控制组，所以控制组结果只用于与答案组结果进行参照对比。

四、结果

（一）测试1的估计成绩和真实成绩

重复测量方差分析发现：测试1的估计成绩的组别主效应显著，答案组被试的估计成绩显著高于控制组，$F_{(1,77)}=63.56$，$p<0.001$，$\eta_p^2=0.45$。反馈条件的主效应显著$F_{(2,77)}=11.80$，$p<0.001$，$\eta_p^2=0.13$；无反馈条件和模糊消极反馈条件下的估计成绩没有显著差异，$p>0.05$；无反馈条件和模糊消极反馈条件下的估计成绩显著高于真实消极反馈条件下的估计成绩，$p<0.001$。另外，真实成绩的组别的主效应显著，答案组被试的真实成绩显著高于控制组，$F_{(1,77)}=109.56$，$p<0.001$，$\eta_p^2=0.59$；真实成绩的反馈条件主效应不显

著，$F_{(2,77)}=0.52$，$p>0.05$，$\eta_p^2=0.01$。估计成绩和真实成绩下组别与反馈条件的交互作用均不显著，$F_{(2,77)}=0.30$，$p>0.05$，$\eta_p^2=0.01$，$F_{(2,77)}=1.39$，$p>0.05$，$\eta_p^2=0.02$。

另外，采用多变量方差分析来揭示不同反馈条件下，答案组和控制组被试的估计成绩和真实成绩之间的差异，来考察被试的作弊行为和对测试成绩积极信念的建立。结果发现：无反馈条件下答案组被试的估计成绩和真实成绩显著高于控制组，$F_{(1,77)}=42.65$，$p<0.001$，$\eta_p^2=0.59$，$F_{(1,77)}=76.53$，$p<0.001$，$\eta_p^2=0.50$；模糊消极反馈条件下答案组被试的估计成绩和真实成绩显著高于控制组，$F_{(1,77)}=43.95$，$p<0.001$，$\eta_p^2=0.36$，$F_{(1,77)}=80.15$，$p<0.001$，$\eta_p^2=0.51$；真实消极反馈条件下答案组被试的估计成绩和真实成绩显著高于控制组，$F_{(1,77)}=29.15$，$p<0.001$，$\eta_p^2=0.28$，$F_{(1,77)}=96.43$，$p<0.001$，$\eta_p^2=0.56$（见图6－10，表6－4）。

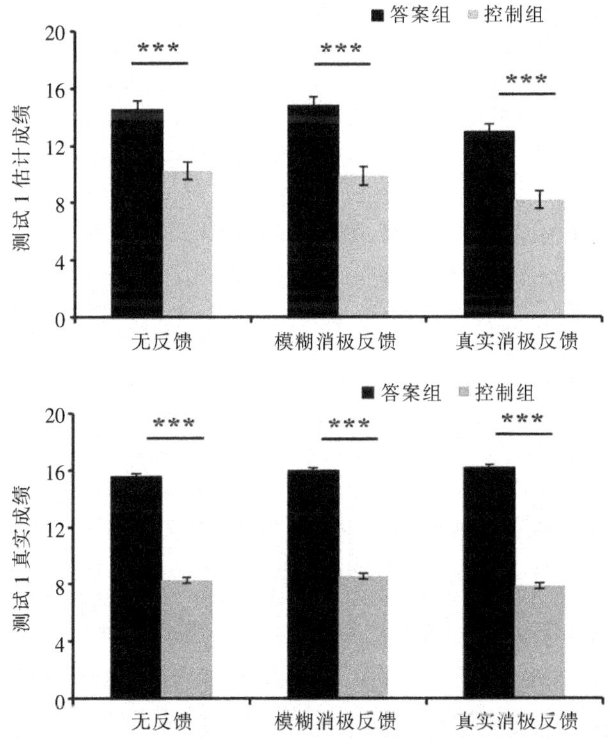

图6-10　测试1的估计成绩和真实成绩比较图

表 6-4 估计/预测成绩与真实成绩（$M \pm SD$）

			测试 1	测试 2	测试 3	测试 4
无反馈	答案组	估计/预测成绩	14.56 ±3.71	13.76 ±2.79	12.47 ±3.07	12.21 ±3.05
		真实成绩	15.55 ±4.86	8.32 ±2.04	7.66 ±1.94	7.82 ±2.04
	控制组	估计/预测成绩	10.24 ±1.93	11.76 ±2.33	11.00 ±2.67	10.98 ±2.12
		真实成绩	8.29 ±2.06	7.48 ±2.16	7.56 ±2.08	7.80 ±2.11
模糊消极反馈	答案组	估计/预测成绩	14.84 ±3.97	12.97 ±3.14	10.37 ±2.30	10.02 ±3.56
		真实成绩	15.97 ±4.76	8.89 ±2.22	8.65 ±1.92	8.42 ±2.36
	控制组	估计/预测成绩	9.88 ±2.59	10.76 ±2.24	8.93 ±2.44	8.15 ±2.79
		真实成绩	8.56 ±2.25	8.76 ±1.73	8.20 ±1.83	8.31 ±1.57
真实消极反馈	答案组	估计/预测成绩	12.95 ±4.93	10.39 ±3.64	8.97 ±3.16	8.34 ±2.64
		真实成绩	16.18 ±4.99	7.26 ±1.64	7.92 ±1.49	8.55 ±2.39
	控制组	估计/预测成绩	8.20 ±2.63	8.34 ±2.69	8.61 ±2.27	8.60 ±1.95
		真实成绩	7.85 ±2.08	7.76 ±2.36	7.88 ±2.37	8.78 ±1.73

（二）测试 2 的预测成绩与真实成绩

预测成绩的重复测量方差分析表明：组别主效应显著，答案组被试的预测成绩显著高于控制组，$F_{(1,77)} = 15.80$，$p < 0.001$，$\eta_p^2 = 0.17$。反馈条件主效应显著，$F_{(2,77)} = 63.53$，$p < 0.001$，$\eta_p^2 = 0.45$；无反馈条件下的预测成绩显著高于模糊消极反馈条件下（$p < 0.01$）和真实消极反馈条件下的预测成绩（$p < 0.001$）；模糊消极反馈条件下的预测成绩显著高于真实消极反馈条件（$p < 0.001$）。组别与反馈条件的交互作用不显著，$F_{(2,77)} = 0.06$，$p > 0.05$，$\eta_p^2 = 0.01$。

真实成绩的重复测量方差分析表明：组别主效应不显著，$F_{(2,77)} = 0.03$，$p > 0.05$，$\eta_p^2 = 0.01$，反馈条件主效应显著，$F_{(2,77)} = 9.39$，$p < 0.001$，$\eta_p^2 = 0.11$；模糊消极反馈条件下的真实成绩显著高于无反馈条件下（$p < 0.01$）和真实消极反馈条件下的真实成绩（$p < 0.001$）；无反馈条件下的真实成绩与真实消极反馈条件下的真实成绩无显著差异（$p > 0.05$）；组别与反馈条件的交互作用不显著，$F_{(2,77)} = 0.06$，$p > 0.05$，$\eta_p^2 = 0.01$，$F_{(2,77)} = 2.24$，$p > 0.05$，

$\eta_p^2=0.03$。

另外，采用多变量方差来分析不同反馈条件下的两组被试预测成绩的差异，进一步考察被试的自我欺骗行为。结果发现：无反馈、模糊消极反馈条件和真实消极反馈条件下的答案组被试的预测成绩显著高于控制组的预测成绩，$F_{(1,77)}=13.45$，$p<0.001$，$\eta_p^2=0.15$，$F_{(1,77)}=14.54$，$p<0.001$，$\eta_p^2=0.16$，$F_{(1,77)}=9.50$，$p<0.01$，$\eta_p^2=0.11$（见图 6－11，表 6－4）。

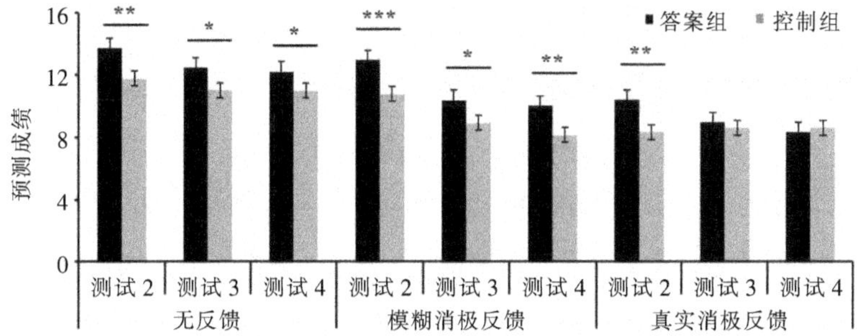

图 6–11　测试 2、3、4 的预测成绩比较图

（三）测试 3 的预测成绩与真实成绩

预测成绩的重复测量方差分析表明：组别主效应显著，$F_{(1,77)}=5.51$，$p<0.05$，$\eta_p^2=0.07$；反馈条件的主效应显著，$F_{(2,77)}=35.15$，$p<0.001$，$\eta_p^2=0.31$；无反馈条件下的预测成绩显著高于模糊消极反馈条件下（$p<0.001$）和真实消极反馈条件下的预测成绩（$p<0.001$）；模糊消极反馈条件下的预测成绩显著高于真实消极反馈条件下的预测成绩（$p<0.05$）；组别与反馈条件的交互作用不显著，$F_{(2,77)}=1.53$，$p>0.05$，$\eta_p^2=0.02$。

真实成绩的重复测量方差分析表明：组别主效应不显著，$F_{(1,77)}=0.63$，$p>0.05$，$\eta_p^2=0.01$，反馈条件主效应显著，$F_{(2,77)}=3.49$，$p<0.05$，$\eta_p^2=0.04$；模糊消极反馈条件下的真实成绩显著高于无反馈条件下的真实成绩（$p<0.05$）；无反馈条件下和模糊消极反馈条件下的真实成绩与真实消极反馈条件下的真实成绩均无显著差异（$p>0.05$）；组别与反馈条件的交互作用不显著，$F_{(2,77)}=0.27$，$p>0.05$，$\eta_p^2=0.01$。

另外，采用多变量方差来分析不同反馈条件下的两组被试预测成绩的差异，进一步考察被试的自我欺骗行为。结果发现：无反馈条件下和模糊消极反馈条件下答案组被试的预测成绩与控制组均有显著差异，$F_{(1,77)}=5.19$，$p<0.05$，$\eta_p^2=0.06$，$F_{(1,77)}=5.52$，$p<0.05$，$\eta_p^2=0.07$；真实消极反馈条件下答案组被试的预测成绩与控制组无显著差异，$F_{(1,77)}=0.35$，$p>0.05$，$\eta_p^2=0.01$（见图6－11，表6－4）。

（四）测试4的预测成绩与真实成绩

预测成绩的重复测量方差分析表明：组别的主效应显著，$F_{(1,77)}=4.03$，$p<0.05$，$\eta_p^2=0.05$；反馈条件的主效应显著 $F_{(2,78)}=47.68$，$p<0.001$，$\eta_p^2=0.38$；无反馈条件下的预测成绩显著高于模糊消极反馈条件下（$p<0.001$）和真实消极反馈条件下的预测成绩（$p<0.001$）；模糊消极反馈条件下的预测成绩与真实消极反馈条件下的预测成绩的边缘显著（$p>0.05$）；组别与反馈条件的交互作用显著，$F_{(1,78)}=5.31$，$p<0.01$，$\eta_p^2=0.06$。简单效应分析发现，答案组被试在无反馈条件下的预测成绩显著高于模糊消极反馈条件下（$p<0.001$）和真实消极反馈条件下的预测成绩（$p<0.001$），其模糊消极反馈条件下的预测成绩与真实消极反馈条件下的预测成绩的边缘显著（$p<0.01$）；控制组被试在无反馈条件下的预测成绩显著高于模糊消极反馈条件下（$p<0.001$）和真实消极反馈条件下的预测成绩（$p<0.001$），其模糊消极反馈条件下的预测成绩与真实消极反馈条件下的预测成绩的边缘显著（$p>0.05$）。

真实成绩的重复测量方差分析表明：组别主效应不显著，$F_{(1,77)}=0.02$，$p>0.05$，$\eta_p^2=0.01$；反馈条件主效应显著，$F_{(2,77)}=3.51$，$p<0.05$，$\eta_p^2=0.04$；真实消极反馈条件下的预测成绩显著高于无反馈条件下的预测成绩，$p<0.05$；真实消极反馈条件下的真实成绩与模糊消极反馈条件下的真实成绩无显著差异，$p>0.05$；模糊消极反馈条件下的真实成绩与无反馈条件下的真实成绩无显著差异，$p>0.05$。组别与反馈条件的交互作用不显著，$F_{(2,77)}=0.14$，$p>0.05$，$\eta_p^2=0.01$。

另外，采用多变量方差来分析不同反馈条件下的两组被试预测成绩的差异，进一步考察被试的自我欺骗行为。结果发现：无反馈条件下和模糊消极反馈条件下答案组被试的预测成绩与控制组的有显著差异，$F_{(1,77)}=5.51$，$p<0.05$，$\eta_p^2=0.07$，$F_{(1,77)}=5.94$，$p<0.05$，$\eta_p^2=0.07$；真实消极反馈条件下的答案组被试的预测成绩与控制组的无显著差异，$F_{(1,77)}=1.71$，$p>0.05$，$\eta_p^2=0.02$（见图6－11，表6－4）。

（五）测试2、3、4预测成绩与真实成绩的组内比较

答案组配对样本T检验结果表明，在无反馈条件下，测试2、测试3和测试4的预测成绩显著高于真实成绩：测试2［t（37）$=10.57$，$p<0.001$，$d=2.35$］，测试3［t（37）$=8.33$，$p<0.001$，$d=1.53$］，测试4［t（37）$=6.50$，$p<0.001$，$d=1.42$］；在模糊消极反馈条件下，测试2、测试3和测试4的预测成绩显著高于真实成绩：测试2［t（37）$=7.06$，$p<0.001$，$d=1.33$］，测试3［t（37）$=2.75$，$p=0.009$，$d=0.82$］，测试4［t（37）$=2.13$，$p=0.04$，$d=1.42$］；在真实消极反馈条件下，测试2的预测成绩显著高于真实成绩：测试2［t（37）$=5.31$，$p<0.001$，$d=2.35$］，测试3和测试4的预测成绩与真实成绩无显著差异：测试3［t（37）$=1.90$，$p=0.07$，$d=1.53$］，测试4［t（37）$=-0.37$，$p=0.71$，$d=-0.35$］（见图6－12）。

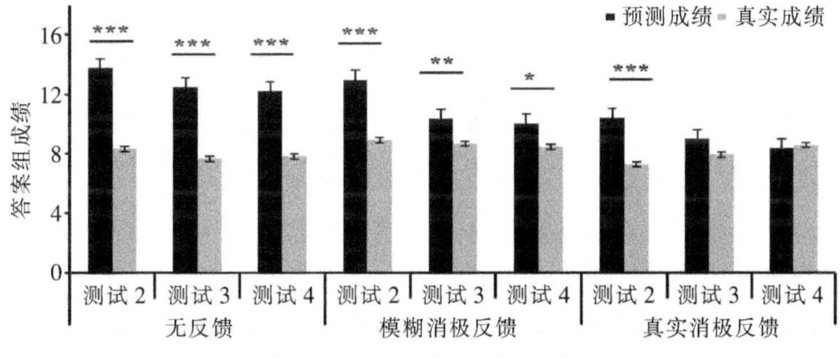

图6–12　答案组测试2、3、4的预测成绩与真实成绩比较图

控制组配对样本T检验结果表明：在无反馈条件下，测试2、测试3和测试4的预测成绩显著高于真实成绩：测试2［t（37）$=8.20$，$p<0.001$，$d=1.90$］，测试3［t（40）$=6.88$，$p<0.001$，$d=1.45$］，测试4［t（40）$=7.05$，$p<0.001$，$d=1.50$］；在模糊消极反馈条件下，测试2的预测成绩与真实成绩有显著差异，测试2［t（40）$=5.39$，$p<0.001$，$d=1.00$］，测试3

和测试4的预测成绩与真实成绩无显著差异：测试3［$t(40)=1.36$，$p=0.18$，$d=0.39$］，测试4［$t(40)=-0.34$，$p=0.73$，$d=-0.07$］；在真实消极反馈条件下，测试2、测试3和测试4的预测成绩与真实成绩无显著差异：测试2［$t(40)=0.94$，$p=0.35$，$d=0.23$］，测试3［$t(40)=1.46$，$p=0.15$，$d=0.31$］，测试4［$t(40)=-0.41$，$p=0.68$，$d=-0.12$］。

五、讨论

（一）作弊行为与积极信念的建立

实验4旨在实验3的基础上，考察不同消极反馈对自我欺骗消退的影响。测试1旨在考察答案提示是否诱发被试的作弊行为，以及通过作弊来建立对自我测试成绩的积极信念。测试1的结果表明，在无反馈、模糊消极反馈和真实消极反馈条件下，答案组被试的真实成绩和估计成绩显著高于控制组，这说明答案组被试发生了作弊行为，并建立了高估测试成绩的积极信念。研究结果符合假设，这与实验1、2、3的研究结果是一致的。

（二）自我欺骗行为

实验3通过测试2来考察答案提示诱发的自我欺骗行为。从测试2组间比较的实验结果发现：三种反馈条件下，答案组被试的预测成绩显著高于控制组，真实成绩无显著性差异。组内比较的实验结果发现：答案组被试的预测成绩显著高于真实成绩。这些结果表明答案组被试发生了自我欺骗，这与研究1的研究结果是一致的，符合我们之前的假设。测试2的实验结果还发现，无反馈条件下的预测成绩显著高于消极反馈条件下的预测成绩，模糊消极反馈条件下的预测成绩显著高于真实消极反馈条件下的预测成绩，答案组被试的预测成绩显著高于控制组。这些结果说明，即使在无反馈的情况下，随着多次测试的进行，被试的预测成绩会减少，但这并不影响自我欺骗行为的发生。

（三）不同消极反馈对自我欺骗消退的影响

实验4中，在测试3和测试4之前，给被试提供2次消极反馈，来考察自我欺骗在不同的消极反馈条件下，在时间进程中消退的差异。测试3和测试4的反馈主效应均显著，无反馈条件下的预测成绩显著高于模糊消极反馈条件下和真实消极反馈条件下的预测成绩。测试3模糊消极反馈条件下的预测成绩显著高于真实消极反馈条件下的预测成绩，而测试4中的模糊消极反馈条件下的预测成绩与真实消极反馈条件下的预测成绩边缘显著。这些结果表明相比于无反馈条件，模糊消极反馈能够有效地减少自我欺骗的发生，而真实消极反馈比模糊消极反馈更能有效地削弱自我欺骗的发生，结果符合我们之前的假设。

组间比较和组内比较的结果均发现：在模糊消极反馈条件下，测试3和测试4的答案组被试的预测成绩与控制组均有显著差异；在真实消极反馈条件下，测试3和测试4的答案组被试预测成绩与控制组均没有显著差异。以上这些结果说明，模糊消极反馈能够有效地减少自我欺骗的发生，但并不能消退自我欺骗；真实消极反馈比模糊消极反馈更能有效地削弱自我欺骗，并能促进自我欺骗的消退；在不同消极反馈条件下，组间比较和组内比较下观察到的自我欺骗消失的时间基本保持一致。

人们倾向于给自己添加玫瑰颜色的滤镜，表现出一种自我增强的倾向，大多数人会通过积极的视角来看待自己（Dunning et al.，1995）。组内比较下观察到控制组的积极信念正说明了这一现象，即在无反馈条件下，估计成绩和预测成绩显著高于控制组。这也符合前人认为个体普遍存在对自我持有积极信念、自我增强的观点。控制组被试在消极反馈条件下积极信念快速消退到真实成绩水平，意味着如果这种积极信念缺乏自我欺骗的支持，就会很容易在消极反馈（模糊消极反馈和真实消极反馈）的条件下消退。

（四）金钱奖赏对自我欺骗消退的影响

实验4的一些结果不同于实验3，实验3中观测到的自我欺骗在模糊消极反馈条件下的测试3中完全消退；而在实验4中，自我欺骗在模糊消极反馈条件的测试3中没有完全消退。这说明在实验4中，金钱奖赏没有显著影响被试的作弊行为、积极信念的建立和自我欺骗的发生，金钱奖赏延长了自我欺骗消退的时间。在不同消极反馈条件和金钱奖赏的实验操作下，组间和组内比较下观察到的自我欺骗消退时间节点基本一致。在后续的实验中，均采用金钱奖赏的实验操作。

（五）自我欺骗的消退对真实成绩的影响

测试2中，模糊消极反馈条件下的真实成绩显著高于无反馈条件下和真实消极反馈条件下的真实成绩，无反馈条件下的真实成绩与真实消极反馈条件下的真实成绩无显著差异。测试3中，模糊消极反馈条件下的真实成绩显著高于无反馈条件下的真实成绩，无反馈条件下和模糊消极反馈条件下的真实成绩与真实消极反馈条件下的真实成绩均无显著差异。测试4中，真实消极反馈条件下的预测成绩显著高于无反馈条件下的预测成绩，真实消极反馈条件下的真实成绩与模糊消极反馈条件下的真实成绩无显著差异，模糊消极反馈条件下的真实成绩与无反馈条件下的真实成绩无显著差异。这些结果表明，在消极反馈后，伴随着被试自我欺骗的逐渐消退，在测试3和测试4中，模糊消极反馈条件下，被试的真实成绩显著高于无反馈条件下的真实成绩；真实消极反馈条件下，被试的真实成绩有逐渐高于无反馈条件下的真实成绩的趋势。这说明被试在自我欺骗消退后，可能有着更好的成绩表现。这些结果得到了以往研究的支持，有研究发现，自我欺骗与实际问题的解决或者测试成绩有着负相关（Johnson et al.，1997）。但是，自我欺骗的消退是否有利于被试有着更好真实成绩的结果，还需要在后面的实验中继续得以验证。

第五节　竞争情境下不同消极反馈对自我欺骗消退的影响

（实验5）

一、问题的提出

有研究表明，个体是否采用自我欺骗的模式是由社会情境决定的，社会的复杂性也决定人际交往中自我表现的复杂性，自我欺骗是在个体所处的社会情境中发生的（Dings，2017）。竞争是人际间交往的基本社会情境，几乎所有进化都涉及竞争。许多研究表明，竞争情境会改变个体行为或者促进国家政策调整，如宿舍能源竞赛能够有效地激励大学生节约能源的亲社会行为（Sintov et al.，2016）、通过竞争政策调节市场的发展（杨晓庆，李胜利，2006）、竞争性体育锻炼有助于大学生克服自卑感（李佳川等人.，2011），等等。另外，有研究表明，利用金钱奖赏能鼓励被试的作弊行为（Chance et al.，2015），金钱启动会促进不道德行为的发生（Gino & Pierce，2009；Vohs，Mead，& Goode，2006），然而，也有研究者发现金钱奖赏会减少面子说谎（Dana，Cain，& Dawes，2004）。由此可知，前人对金钱奖赏是促进还有减少不道德行为的发生，有着不同的结论。那么，竞争情境下的金钱奖赏是否可以影响作弊行为，进而影响自我欺骗的消退？实验5采用金钱奖励下输赢竞争模式，来进一步探究竞争情境下不同消极反馈对自我欺骗消退的影响。

根据前面的研究结果，我们认为无答案提示的被试（实验1－4中的控制组）表现出的积极信念不是自我欺骗，自我欺骗只发生在有答案提示的被试中（答案组）。另外，实验4的结果表明，预测成绩的组间和组内比较均可以测量出自我欺骗。因此，实验5中，在竞争组和无竞争组均采用实验4中答案组的实验流程。即在测试1中，所有被试均有答案提示，以诱导被试的自我欺骗，并用预测成绩的组内比较来测量自我欺骗行为，以此考察竞争情境下不同消极反馈对自我欺骗消退的影响。

二、实验目的与假设

实验目的：旨在考察竞争情境下消极反馈条件对自我欺骗消退的影响。

实验假设：（1）测试1中，竞争组和无竞争组被试均能被诱发作弊行为，并建立对自我测试成绩的积极信念；（2）测试2中，竞争组和无竞争组被试的自我欺骗行为会存在差异；（3）测试3和测试4中，竞争组和无竞争组被试的自我欺骗的消退会存在差异。

三、方法

（一）被试

招募非心理学专业大学生被试81名（男生63名，女生18名，平均年龄为 20.15 ±0.55），均为右利手，视力正常或校正后正常。被试被随机分为竞争组（45 名）和无竞争组（36 名）。

（二）实验设计

实验设计：3（消极反馈类型：无、模糊、真实）×2（竞争情境类型：有、无）混合设计。消极反馈类型为被试内变量，竞争情境类型为被试间变量，因变量是积极信念的建立、作弊行为和自我欺骗。

（三）实验材料

实验材料同实验 4。

（四）实验程序

实验设定了竞争环节，班级配对竞争（实验以班级为单位招募被试），根据被试在班级学号的先后顺序，来进行两两配对竞争。赢方被试不仅可以拿到自己的被试费，还可以得到输方被试的被试费；如果平手，则被试双方都获得自己的被试费。无竞争组的实验流程同实验 4 的答案组，其他程序同实验 4。

（五）数据分析

采用软件 SPSS 24.0 中文版进行实验数据的录入与分析。采用 3（消极反馈类型：无、模糊、真实）×2（竞争情境类型：有、无）重复测量方差，分析测试 1 和测试 2、3、4 中的竞争情境与反馈条件下被试的成绩差异，考察竞争情境与反馈条件对测试 1 中被试积极信念的建立、作弊行为的影响和对测试 2、3、4 中的自我欺骗消退的影响。运用多变量方差分别计算不同消极反馈条件下，有无竞争情境组被试测试 1 的真实成绩、估计成绩的组间差异，来考察有无竞争情境组被试作弊行为与积极信念的变化。通过计算不同消极反馈条件下有无竞争情境组被试测试 2、3、4 中预测成绩的组间差异，来揭示考察自我欺骗及其消退的变化。采用配对样本 T 检验，分别计算在不同消极反馈条件下有无竞争情境的预测成绩、真实成绩的组内差异，来考察两组被试组内比较下可观察到的自我欺骗及其消退。

四、结果

（一）测试1的估计成绩和真实成绩

重复测量方差分析表明：估计成绩的竞争情境主效应不显著，$F_{(1,79)}=2.02$，$p>0.05$，$\eta_p^2=0.03$；估计成绩的反馈条件主效应不显著，$F_{(2,79)}=2.94$，$p>0.05$，$\eta_p^2=0.04$。真实成绩的竞争情境主效应不显著，$F_{(1,79)}=0.42$，$p>0.05$，$\eta_p^2=0.01$；真实成绩的反馈条件主效应不显著，$F_{(2,79)}=1.65$，$p>0.05$，$\eta_p^2=0.02$。估计成绩和真实成绩下竞争情境与反馈条件的交互作用均不显著，$F_{(2,79)}=0.91$，$p>0.05$，$\eta_p^2=0.01$，$F_{(2,79)}=0.05$，$p>0.05$，$\eta_p^2=0.02$（见表6－5，图6－13）。

表6－5　估计/预测成绩与真实成绩（$M \pm SD$）

			测试1	测试2	测试3	测试4
无反馈	竞争	估计/预测成绩	13.13 ±4.41	9.89 ±2.90	10.64 ±3.37	9.89 ±4.07
		真实成绩	16.18 ±4.43	7.69 ±2.10	7.91 ±2.45	8.18 ±2.15
	无竞争	估计/预测成绩	14.53 ±3.70	13.75 ±2.83	12.31 ±3.01	12.11 ±3.10
		真实成绩	15.67 ±4.80	8.36 ±2.09	7.59 ±1.95	7.83 ±2.06
模糊反馈	竞争	估计/预测成绩	13.09 ±5.10	11.16 ±3.61	9.33 ±3.16	8.36 ±2.92
		真实成绩	16.98 ±4.16	9.11 ±2.50	8.51 ±1.90	7.98 ±1.91
	无竞争	估计/预测成绩	14.89 ±4.07	12.92 ±3.17	10.24 ±2.98	9.92 ±3.55
		真实成绩	16.28 ±4.52	8.97 ±2.19	8.73 ±1.90	8.35 ±2.35
真实反馈	竞争	估计/预测成绩	12.60 ±5.25	8.84 ±3.89	8.82 ±3.16	9.18 ±2.95
		真实成绩	16.82 ±3.96	7.73 ±2.30	8.78 ±1.93	8.84 ±2.14
	无竞争	估计/预测成绩	13.00 ±5.07	10.27 ±3.60	9.03 ±3.24	8.44 ±2.68
		真实成绩	16.39 ±4.72	7.30 ±1.67	8.03 ±1.46	8.65 ±2.35

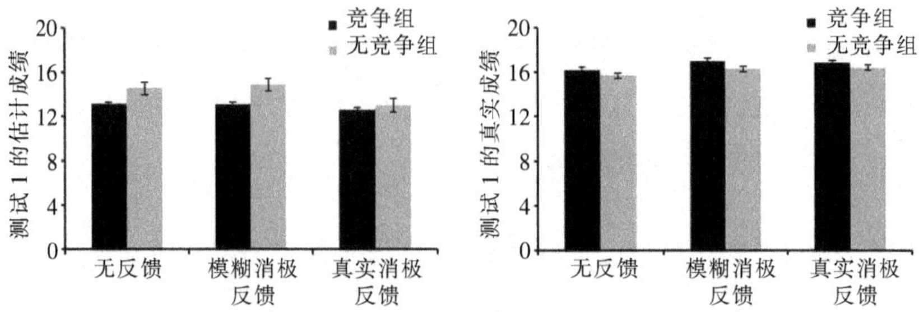

图 6-13　测试 1 的估计成绩和真实成绩比较图

（二）测试 2 的预测成绩与真实成绩

预测成绩的重复测量方差分析表明：竞争情境的主效应显著，竞争组被试的预测成绩显著低于无竞争组，$F_{(1,79)} = 16.29$，$p < 0.001$，$\eta_p^2 = 0.17$；反馈条件的主效应显著，$F_{(2,79)} = 21.12$，$p < 0.001$，$\eta_p^2 = 0.21$；无反馈条件（$p < 0.001$）与模糊消极反馈条件下（$p < 0.001$）的预测成绩显著高于真实消极反馈条件下的预测成绩，无反馈条件下的预测成绩与模糊消极反馈条件下的预测成绩无显著差异（$p > 0.05$）。竞争情境与反馈条件的交互作用显著，$F_{(2,79)} = 4.99$，$p < 0.01$，$\eta_p^2 = 0.06$。简单效应分析发现，竞争组在模糊反馈条件下的预测成绩显著高于无反馈条件下（$p < 0.05$）与真实消极反馈条件下的预测成绩（$p < 0.001$），其无反馈条件下的预测成绩与真实消极反馈条件下的预测成绩无显著差异（$p > 0.05$）；无竞争组在无反馈条件下（$p < 0.001$）和模糊消极反馈条件下（$p < 0.001$）的预测成绩显著高于真实消极反馈条件下的预测成绩，其无反馈条件下的预测成绩与模糊消极反馈条件下的预测成绩无显著差异（$p > 0.05$）。

真实成绩的重复测量方差分析表明：竞争情境的主效应不显著，$F_{(1,79)} = 0.03$，$p > 0.05$，$\eta_p^2 = 0.01$；反馈条件主效应显著，$F_{(2,79)} = 12.60$，$p < 0.001$，$\eta_p^2 = 0.14$，模糊消极反馈条件下的真实成绩显著高于无反馈条件下（$p < 0.001$）和真实消极反馈条件下的真实成绩（$p < 0.001$）；无反馈条件下的真实成绩与真实消极反馈条件下的真实成绩无显著差异（$p > 0.05$）。竞争情境与反馈条件的交互作用不显著，$F_{(2,79)} = 1.60$，$p > 0.05$，$\eta_p^2 = 0.02$。

另外，采用多变量方差分析不同反馈条件下的两组被试预测成绩的差异，来进一步考察两组被试自我欺骗行为的差异。结果发现，无反馈条件下竞争组预测成绩显著低于无竞争组，$F_{(1,79)}=36.17$，$p<0.001$，$\eta_p^2=0.31$；模糊消极反馈条件下竞争组预测成绩显著低于无竞争组，$F_{(1,79)}=5.09$，$p<0.05$，$\eta_p^2=0.06$；真实消极反馈条件下的竞争组预测成绩与无竞争组无显著差异，$F_{(1,79)}=2.65$，$p>0.05$，$\eta_p^2=0.03$（见图 6－14，表 6－5）。

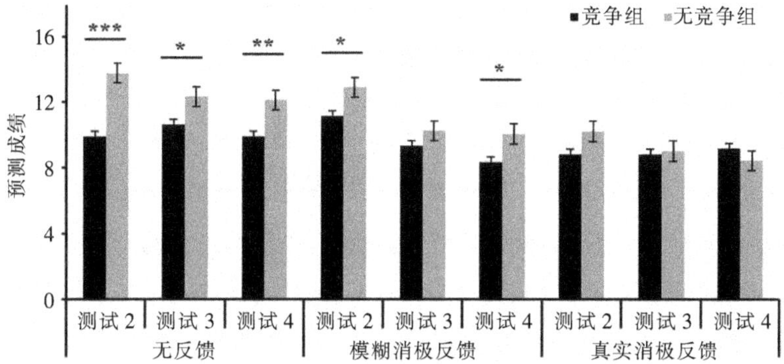

图 6–14　测试 2、3、4 的预测成绩比较图

（三）测试 3 的预测成绩与真实成绩

预测成绩的重复测量方差分析表明：竞争情境的主效应不显著，$F_{(1,79)}=2.84$，$p>0.05$，$\eta_p^2=0.04$；反馈条件的主效应显著，$F_{(2,79)}=22.67$，$p<0.001$，$\eta_p^2=0.22$；无反馈条件下的预测成绩显著高于模糊消极反馈条件下（$p<0.001$）和真实消极反馈条件下的预测成绩（$p<0.001$）；模糊消极反馈条件下的预测成绩显著高于真实消极反馈条件下的预测成绩（$p<0.05$）。竞争情境与反馈条件的交互作用不显著，$F_{(2,79)}=1.79$，$p>0.05$，$\eta_p^2=0.02$。

真实成绩的重复测量方差分析表明：竞争情境的主效应不显著，$F_{(1,79)}=0.69$，$p>0.05$，$\eta_p^2=0.01$；反馈条件主效应显著，$F_{(2,79)}=5.61$，$p<0.01$，$\eta_p^2=0.07$；模糊消极反馈条件下和真实消极反馈条件下的真实成绩显著高于无反馈条件下的真实成绩，$p<0.01$，$p<0.05$；模糊消极反馈条件下的真实成绩与真实消极反馈条件下的真实成绩无显著差异，$p>0.05$。竞争情境与反馈条件的交互作用不显著，$F_{(2,79)}=1.80$，$p>0.05$，$\eta_p^2=0.02$。

另外，采用多变量方差分析不同反馈条件下的两组被试预测成绩的差异，来进一步考察两组被试自我欺骗行为的差异。结果发现，无反馈条件下竞争组被试的预测成绩显著低于无竞争组，$F_{(1,79)}=5.34$，$p<0.05$，$\eta_p^2=0.06$；模糊消极反馈条件下竞争组的预测成绩与无竞争组无显著差异，$F_{(1,79)}=1.77$，$p>0.05$，$\eta_p^2=0.02$；真实消极反馈条件下的竞争组的预测成绩与无竞争组无显著差异，$F_{(1,79)}=2.65$，$p>0.05$，$\eta_p^2=0.01$（见图6－14，表6－5）。

（四）测试4的预测成绩与真实成绩

预测成绩的重复测量方差分析表明，竞争情境的主效应显著，$F_{(1,79)}=4.33$，$p<0.05$，$\eta_p^2=0.05$；反馈条件的主效应显著，$F_{(2,79)}=13.62$，$p<0.001$，$\eta_p^2=0.15$。无反馈条件下的预测成绩显著高于模糊消极反馈条件下（$p<0.001$）和真实消极反馈条件下的预测成绩（$p<0.001$），模糊消极反馈条件下的预测成绩与真实消极反馈条件下的预测成绩无显著差异（$p>0.05$）。竞争情境与反馈条件的交互作用显著，$F_{(2,79)}=6.23$，$p<0.05$，$\eta_p^2=0.07$。通过简单效应分析发现，竞争组在无反馈、模糊消极反馈和真实消极反馈条件下预测成绩均不显著，$p>0.05$；无竞争组在无反馈条件下的预测成绩显著高于模糊消极反馈条件下（$p<0.05$）和真实消极反馈条件下的预测成绩（$p<0.001$），其模糊消极反馈条件下的预测成绩显著高于真实反馈条件下的预测成绩（$p<0.01$）。

真实成绩的重复测量方差分析表明，竞争情境的主效应不显著，$F_{(1,79)}=0.01$，$p>0.05$，$\eta_p^2=0.01$；反馈条件的主效应显著，$F_{(2,79)}=3.29$，$p<0.05$，$\eta_p^2=0.04$；真实消极反馈条件下被试的真实成绩显著高于无反馈条件下和模糊消极反馈条件下的真实成绩，$p<0.05$，$p<0.05$；无反馈条件下被试的真实成绩与模糊消极反馈条件下的真实成绩无显著差异，$p>0.05$。竞争情境与反馈条件的交互作用不显著，$F_{(2,79)}=0.64$，$p>0.05$，$\eta_p^2=0.01$（见图6－14，表6－5）。

另外，采用多变量方差分析不同反馈条件下的两组被试预测成绩的差异，来进一步考察两组被试自我欺骗行为的差异。结果发现，无反馈条件下竞争组被试的预测成绩显著低于无竞争组，$F_{(1,79)}=7.33$，$p<0.01$，$\eta_p^2=0.09$；模糊消极反馈条件下竞争组被试的预测成绩显著低于无竞争组，$F_{(1,79)}=5.70$，$p<0.05$，$\eta_p^2=0.07$；真实消极反馈条件下的竞争组被试的预测成绩与无竞争组被试的预测成绩无显著差异，$F_{(1,79)}=1.34$，$p>0.05$，$\eta_p^2=0.02$（见图6－14，表6－5）。

（五）测试2、3、4的预测成绩与真实成绩的组内比较

1. 竞争组的预测成绩与真实成绩

配对样本T检验结果表明，在无反馈条件下，测试2、测试3和测试4的预测成绩显著高于真实成绩：测试2［t（44）＝4.56，$p<0.001$，d＝0.87］，测试3［t（44）＝4.09，$p<0.001$，d＝0.93］，测试4［t（44）＝2.41，p＝0.02，d＝0.53］。在模糊消极反馈条件下，测试2和测试3的预测成绩与真实成绩有显著差异：测试2［t（44）＝3.21，p＝0.003，d＝0.66］，测试3［t（44）＝1.51，p＝0.14，d＝0.32］，测试4的预测成绩与真实成绩无显著差异，测试4［t（44）＝0.66，p＝0.51，d＝0.15］。在真实消极反馈条件下，测试2、测试3和测试4的预测成绩与真实成绩均无显著差异，测试2［t（44）＝1.57，p＝0.12，d＝0.35］，测试3［t（44）＝0.08，p＝0.94，d＝0.02］，测试4［t（44）＝1.45，p＝0.55，d＝0.13］（见图6－15）。

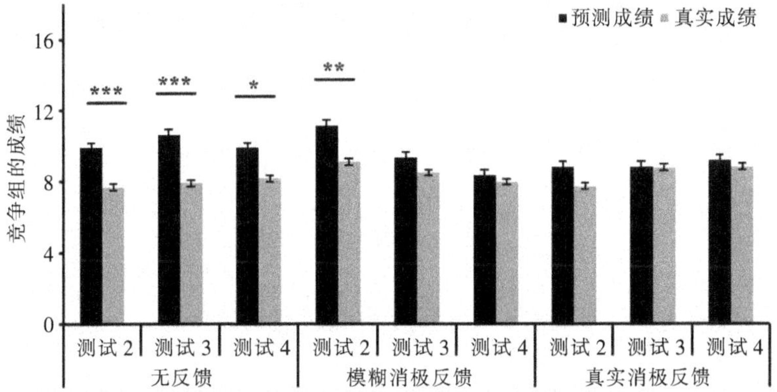

图6-15 竞争组的预测成绩与真实成绩比较图

2. 无竞争组的预测成绩与真实成绩

配对样本 T 检验结果表明，在无反馈条件下，测试 2、测试 3 和测试 4 的预测成绩显著高于真实成绩：测试 2 [t (36) = 10.29，p < 0.001，d = 2.17]，测试 3 [t (36) = 8.06，p < 0.001，d = 1.89]，测试 4 [t (36) = 6.28，p < 0.001，d = 1.67]；在模糊消极反馈条件下，测试 2、测试 3 和测试 4 的预测成绩显著高于真实成绩：测试 2 [t (36) = 6.85，p < 0.001，d = 1.45]，测试 3 [t (36) = 2.49，p = 0.02，d = 0.61]，测试 4 [t (36) = 2.03，p = 0.05，d = 0.52]；在真实消极反馈条件下，测试 2 的预测成绩显著高于真实成绩：测试 2 [t (36) = 5.10，p < 0.001，d = 1.06]，测试 3 和测试 4 的预测成绩与真实成绩无显著差异：测试 3 [t (36) = 1.80，p = 0.08，d = 0.41]，测试 4 [t (36) = −0.42，p = 0.68，d = −0.10]（见图 6-16）。

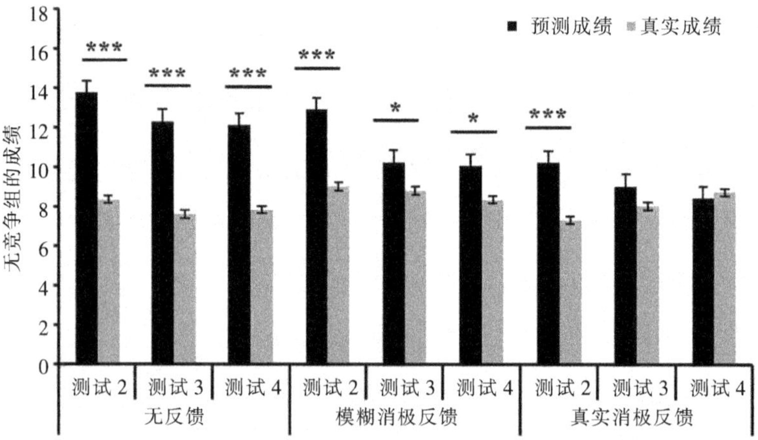

图 6-16　无竞争组的预测成绩与真实成绩比较图

五、讨论

（一）竞争情境对作弊行为与积极信念建立的影响

实验 5 旨在实验 4 的基础上，考察不同消极反馈条件下，竞争情境对自我欺骗消退的影响。测试 1 旨在考察竞争情境是否会影响作弊行为和积极信念的建立。实验 5 结果发现：三种反馈条件下，竞争组与无竞争组被试之间的估计成绩和真实成绩均无显著差异。这说明本实验设置的竞争情境和无竞争情境都诱发了被试的作弊行为和对自我成绩积极信念的建立，结果符合我们之前的假设，但是两者并没有显著差异。除了金钱可以影响个体诚实行为以外，个体内部的价值体系也是影响个体行为的重要因素。如果个体不遵守诚实的内在标准（诚实是内部奖赏的一部分），这会让自我感觉到厌恶（Mazar et al.，2008）。在竞争情境中，被试有机会通过作弊以获得更多的金钱，但是被试遵守内在的诚实标准，并没有发生更多的作弊行为，我们的结果符合自我概念维护理论（Mazar et al.，2008），人们避免自我的消极信号，从而把作弊行为控制在一个自我可接受的范围内。

（二）竞争情境对自我欺骗行为的影响

实验 5 通过测试 2 来考察竞争情境下，答案提示诱发的自我欺骗行为。从测试 2 的结果发现：在无反馈条件下和模糊消极反馈条件下，竞争组被试的预测成绩显著低于无竞争组，且组内比较结果发现，竞争组被试的预测成绩显著高于真实成绩；而在真实消极反馈条件下，竞争组被试预测成绩与无竞争组无显著差异。无竞争组被试在三种条件下的预测成绩显著高于真实成绩，竞争组被试的预测成绩与其真实成绩无显著差异。这些结果说明，测试 2 中无竞争组被试在三种反馈条件下均发生了自我欺骗，结果符合我们之前的假设。

（三）竞争情境下不同消极反馈对自我欺骗消退的影响

实验 5 分别在测试 3 和测试 4 之前，给两组被试不同的消极反馈，来考察不同消极反馈条件下竞争情境对自我欺骗消退的影响。

无反馈条件下，测试 3 和测试 4 的竞争组被试的预测成绩显著低于无竞争组；模糊消极反馈条件下，竞争组被试测试 3 的预测成绩与无竞争组差异不显著，竞争组被试测试 4 的预测成绩显著低于无竞争组；真实消极反馈条件下，竞争组被试测试 3 和测试 4 的预测成绩与无竞争组无显著差异。这些结果说明，无反馈条件下，竞争情境可有效地减少自我欺骗；在消极反馈条件下，竞争情境能有效地消退自我欺骗。其中，模糊消极反馈条件下，竞争组被试测试 4 的预测成绩显著低于无竞争组，这说明竞争组比无竞争组自我欺骗消退得更快。以上结果符合竞争组和无竞争组被试自我欺骗的消退存在差异的假设。

另外，组内比较下观测到的自我欺骗结果发现：在模糊消极反馈条件下，无竞争组被试在测试 3、4 中的预测成绩与真实成绩有显著差异，竞争组被试在测试 3、4 中的预测成绩与真实成绩没有显著差异。真实消极反馈条件下，不管有无竞争情境，答案组被试在测试 3 和测试 4 中的预测成绩与控制组均没有显著差异。这些结果证明：（1）无竞争情境下，模糊消极反馈能够有效地减少自我欺骗的发生，但并不能消退自我欺骗；真实消极反馈比模糊消极反馈更能有效地削弱自我欺骗的发生，并能促进自我欺骗的消退；（2）竞争情境下，竞争情境能够有效地减少自我欺骗的发生。

以往的研究表明欺骗和自我欺骗的关系：自我欺骗是为了更好地欺骗他人（Lynn，Pipitone，& Keenan，2014；Trivers，1985；R. Trivers，2000；Turk，2012；Hippel & Trivers，2011；陆慧菁，2012），欺骗与自我欺骗就如同一枚硬币的正反面（Turk，2012），彼此相互依存和影响。竞争情境中，个体通过增加过度自信来更好地欺骗他人（过度自信常被视为自我欺骗的形式）（Lamba & Nityananda，2014）。我们的实验结果发现：被试在测试 1 中的作弊行为和积极信念没有受到竞争情境的影响，而在测试 2 中的预测成绩却受到了影响。也就是说，在竞争情境下，即使被试的作弊行为没有被削弱，其自我欺骗还是减少了。这可能是由于高自我意识与低自我欺骗呈正相关（Lynn，Pipitone，& Keenan，2014），被试可能在作弊的过程中提高了作弊的意识，从而减少了自我欺骗。另外，有研究发现金钱可以减少面子说谎（Dana et al.，2004），个体在金钱有损的情境下，可能更容易直面自己的内心而不会对自我说谎，来减少自我欺骗的发生。自我欺骗的本质是自私，通过自我欺骗来欺骗他人进而可以有效地获得利益，更好地实现人类的繁衍。自我概念维护理论认为，除了人的自私行为，还应该获得遵守自身价值标准的内部奖赏，因此，自我欺骗是为了更好地欺骗他人，但欺骗他人有着上限值，即个体内在的道德价值标准，欺骗会发生在合理（自我认知）的范围内。在竞争情境中，个体可能提高了对自我不道德行为的意识，减少了自我欺骗的发生。

（四）自我欺骗的消退对真实成绩的影响

测试2中，在模糊消极反馈条件下，被试的真实成绩显著高于无反馈条件下和真实消极反馈条件下的真实成绩；在无反馈条件下，被试的真实成绩与真实消极反馈条件下的真实成绩无显著差异。测试3中，在模糊消极反馈条件下和真实消极反馈条件下，被试的真实成绩显著高于无反馈条件下的真实成绩；模糊消极反馈条件下，被试的真实成绩与真实消极反馈条件下的真实成绩无显著差异。测试4中，在真实消极反馈条件下，被试的真实成绩显著高于无反馈条件下和模糊消极反馈条件下的真实成绩；无反馈条件下，被试的真实成绩与模糊消极反馈条件下的真实成绩无显著差异。这些结果表明，在消极反馈后，伴随着自我欺骗在时间上的逐渐消退，测试3和测试4中，在模糊消极反馈条件下，被试的真实成绩显著高于无反馈条件下和真实消极反馈条件下的真实成绩；真实消极反馈条件下，被试的真实成绩逐渐高于无反馈条件下和模糊消极反馈条件下的真实成绩。这些结果证明，被试在自我欺骗消退后，有着更好的成绩表现。本结果也得到了前人研究的支持，自我欺骗与实际问题的解决或者测试成绩有着负相关（Johnson et al.，1997）。个体会在消极反馈后付出更多的努力，来提高自己的成绩（Duijnhouwer et al.，2012；Fong et al.，2018）。尽管消极反馈本身包含一种可能令人不愉快的信息，但消极反馈信息可能最终会使个体从中受益（Audia & Locke，2003）。

第七章　消极反馈与作弊妨碍影响自我欺骗消退的实证研究

第一节　消极反馈与作弊妨碍对自我欺骗消退的影响（实验6）

一、问题的提出

进化心理学认为，自我欺骗是为了更好地欺骗他人（Hippel & Trivers，2011），欺骗与自我欺骗就如同一枚硬币的正反面（Turk，2012），彼此相互依存和影响。作弊就是一种不道德的欺骗行为（胡绍元等人，2006），前面的研究证明了作弊也有利于更好地自我欺骗，被试通过作弊取得好的成绩来建立对自我的积极信念，然后忽视作弊行为而把好的成绩归因为自己的能力，从而高估自己未来的成绩。然而，在现实的生活情境中，自我欺骗的消退不仅源于自我欺骗发生后的自我行为认知和他人对自我欺骗发生前、后行为的干预，也来自于他人或者组织对个体自我欺骗发生前的不道德行为的干预。作弊妨碍是他人和组织给个体设置作弊障碍，以达到预防或减少作弊行为的目的，是一种针对不道德行为的干预。按照欺骗和自我欺骗相互依存的逻辑，消极反馈条件下的作弊妨碍对自我欺骗的消退是否有效，有待探究与证实。实验2、3、4通过消极反馈（模糊消极反馈和真实消极反馈）来削弱被试的积极信念，进而减少或消退了自我欺骗行为，那么在消极反馈条件下的作弊妨碍对自我欺骗又有着怎样的影响？因此，实验6通过设置作弊的妨碍干预，来探究消极反馈条件下作弊妨碍对自我欺骗的影响，也为自我欺骗的消退寻找一种对不道德行为进行干预的实现方法，丰富自我欺骗消退的理论。

根据前面的研究结果，我们认为无答案提示的被试（实验1－4中的控制组）表现出的积极信念不是自我欺骗，自我欺骗只发生在有答案提示的被试中（答案组）。另外，实验4的结果表明，预测成绩的组间和组内比较均可以测量出自我欺骗。因此，实验6中，在妨碍组和无妨碍组中均采用实验4中答案组的实验流程，即在测试1中，所有被试均有答案提示，以诱导被试的自我欺骗，并用预测成绩的组内比较来测量自我欺骗行为，以此考察消极反馈与作弊妨碍对自我欺骗消退的影响。

二、实验目的与假设

目的：旨在考察消极反馈条件下作弊妨碍对自我欺骗消退的影响。

假设：（1）测试1中，妨碍组和无妨碍组被试的作弊行为和积极信念的建立有差异，相比无妨碍组，妨碍组有着更少的作弊行为和更低的积极信念；（2）测试2中，妨碍组和无妨碍组被试的自我欺骗行为存在差异；（3）测试3和测试4中，妨碍组和无妨碍组被试的自我欺骗行为消退存在差异，相比无妨碍组，妨碍组可以更有效地消退自我欺骗。

三、方法

（一）被试

招募非心理学专业大学生被试75名（男生30名，女生45名，平均年龄为19.60±0.35），均为右利手，视力正常或校正后正常。被试被随机分为妨碍组（38 名）和无妨碍组（37 名）。

（二）实验设计

实验设计：3（消极反馈类型：无、模糊、真实）×2（作弊妨碍：有、无）混合设计。消极反馈类型为被试内变量，作弊妨碍为被试间变量，因变量为测试 1 的估计成绩、真实成绩和测试 2、3、4 的预测成绩、真实成绩。

（三）实验材料

实验材料同实验 4。

（四）实验程序

实验中，妨碍组和无妨碍组的实验程序参照实验 4 的答案组。妨碍组中，不直接提供被试答案提示，被试需要按"A"键才可以查看到右下角的答案提示。在实验前，妨碍组被试被告知："你可在无答案提示界面中直接按键作答，可按'A'键进入有答案提示界面边作答边检查答案，但请你做自己的题！"无妨碍组中，测试 1 中右下角有答案提示，和实验 4 的答案组相同。本实验的其他操作同实验 4。

（五）数据分析

采用软件 SPSS 24.0 中文版进行实验数据的录入与分析。采用 3（消极反馈类型：无、模糊、真实）×2（作弊妨碍：有、无）重复测量方差，分析测试 1 和测试 2、3、4 中的作弊妨碍与消极反馈条件下被试的成绩差异，考察作弊妨碍与消极反馈条件对被试在测试 1 中积极信念的建立、作弊行为的影响，以及被试在测试 2、3、4 中自我欺骗消退的影响。运用多变量方差分别计算不同消极反馈条件下，妨碍组与无妨碍组被试测试 1 中真实成绩、估计成绩的组间差异，来考察妨碍组与无妨碍组被试作弊行为与积极信念的变化。通过计算不同消极反馈条件下，妨碍组与无妨碍组被试测试 2、3、4 中预测成绩的组间差异，来揭示组间比较下观察到的自我欺骗及其消退。采用配对样本 T 检验，分别计算在不同消极反馈条件下，妨碍组与无妨碍组预测成绩和真实成绩的组内差异，来考察两组被试组内比较下观察到的自我欺骗及其消退。

四、结果

（一）测试 1 的估计成绩和真实成绩

重复测量方差分析表明，估计成绩的作弊妨碍主效应显著，妨碍组被试的估计成绩显著低于无妨碍组，$F_{(1,73)}=22.26$，$p<0.001$，$\eta_p^2=0.23$；反馈条件的主效应显著，$F_{(2,73)}=9.37$，$p<0.001$，$\eta_p^2=0.11$；无反馈条件下和模糊消极反馈条件下的估计成绩没有显著差异，$p>0.05$；无反馈条件下（$p<0.001$）和模糊消极反馈条件下（$p<0.001$）的估计成绩显著高于真实消极反馈条件下的估计成绩。真实成绩的作弊妨碍主效应显著，妨碍组被试的真实成绩显著低于无妨碍组，$F_{(1,73)}=37.99$，$p<0.001$，$\eta_p^2=0.34$；反馈条件的主效应显著，$F_{(2,73)}=4.46$，$p<0.01$，$\eta_p^2=0.06$；模糊消极反馈条件下（$p<0.01$）和真实消极反馈条件下（$p<0.05$）的真实成绩显著高于无反馈条件下的真实成绩；模糊消极反馈条件下与真实消极反馈条件下的真实成绩无显著差异，$p>0.05$。估计成绩和真实成绩下，作弊妨碍与反馈条件的交互作用均不显著，$F_{(2,73)}=0.10$，$p>0.05$，$\eta_p^2=0.01$，$F_{(2,73)}=1.59$，$p>0.05$，$\eta_p^2=0.02$（见图 7－1，表 7－1）。

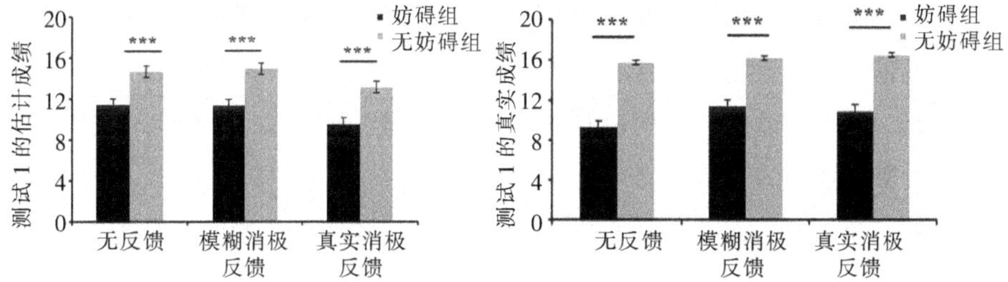

图 7-1　测试 1 的估计成绩和真实成绩比较图

表 7-1　估计/预测成绩与真实成绩（$M \pm SD$）

			测试 1	测试 2	测试 3	测试 4
无反馈	妨碍组	估计/预测成绩	11.42 ±3.20	12.37 ±3.20	11.02 ±3.15	10.76 ±3.18
		真实成绩	9.29 ±3.12	8.29 ±1.81	8.34 ±1.73	7.76 ±2.34
	无妨碍组	估计/预测成绩	14.67 ±3.69	13.86 ±2.76	12.54 ±3.09	12.27 ±3.07
		真实成绩	15.73 ±4.81	8.35 ±2.05	7.76 ±1.86	7.83 ±2.06
模糊消极反馈	妨碍组	估计/预测成绩	11.34 ±4.30	11.03 ±3.63	9.50 ±3.48	8.82 ±3.72
		真实成绩	11.37 ±4.80	9.13 ±2.76	8.45 ±2.36	8.00 ±2.29
	无妨碍组	估计/预测成绩	14.97 ±3.94	13.05 ±3.15	10.43 ±3.01	10.14 ±3.54
		真实成绩	16.19 ±4.64	8.95 ±2.22	8.70 ±1.92	8.46 ±2.38
真实消极反馈	妨碍组	估计/预测成绩	9.55 ±3.67	9.39 ±3.08	8.47 ±2.30	8.66 ±2.23
		真实成绩	10.89 ±5.03	7.87 ±1.70	8.05 ±1.25	9.42 ±2.54
	无妨碍组	估计/预测成绩	13.16 ±4.82	10.54 ±3.57	9.00 ±3.20	8.38 ±2.67
		真实成绩	16.49 ±4.69	7.24 ±1.66	7.95 ±1.51	8.51 ±2.41

另外，采用多变量方差进一步分析不同反馈条件下，妨碍组和无妨碍组估计成绩和真实成绩之间的差异，来考察被试的作弊行为和对测试成绩积极信念的建立。结果发现：无反馈条件下，妨碍组被试的估计成绩和真实成绩显著低于无妨碍组，$F_{(1,73)} = 16.67$，$p < 0.001$，$\eta_p^2 = 0.19$，$F_{(1,73)} = 47.65$，$p < 0.001$，$\eta_p^2 = 0.40$；模糊消极反馈条件下，妨碍组估计成绩和真实成绩显著低于无妨碍组，$F_{(1,73)} = 14.51$，$p < 0.001$，$\eta_p^2 = 0.17$，$F_{(1,73)} = 19.58$，$p < 0.001$，$\eta_p^2 = 0.21$；真实消极反馈条件下，妨碍组估计成绩和真实成绩显著低于无妨碍组，$F_{(1,73)} = 13.36$，$p < 0.001$，$\eta_p^2 = 0.16$，$F_{(1,73)} = 24.78$，$p < 0.001$，$\eta_p^2 = 0.25$（见图 7-1，表 7-1）。

（二）测试 2 的预测成绩与真实成绩

预测成绩的重复测量方差分析表明：作弊妨碍的主效应显著，妨碍组被试的预测成绩显著低于无妨碍组，$F_{(1,73)} = 5.88$，$p < 0.05$，$\eta_p^2 = 0.08$；反馈条件的主效应显著，$F_{(2,73)} = 45.54$，$p < 0.001$，$\eta_p^2 = 0.38$；无反馈条件下，被试的预测成绩显著高于模糊消极反馈条件下（$p < 0.01$）和真实消极反馈条件

下的预测成绩（$p<0.001$）；模糊消极反馈条件下，被试的预测成绩显著高于真实消极反馈条件下的预测成绩（$p<0.001$）；作弊妨碍与反馈条件的交互作用不显著，$F_{(2,73)}=0.88$，$p>0.05$，$\eta_p^2=0.01$。

真实成绩的重复测量方差分析表明：作弊妨碍的主效应不显著，$F_{(1,73)}=0.66$，$p>0.05$，$\eta_p^2=0.01$，反馈条件主效应显著，$F_{(2,73)}=10.93$，$p<0.001$，$\eta_p^2=0.13$，即模糊消极反馈条件下，被试的真实成绩显著高于无反馈条件下（$p<0.05$）和真实消极反馈条件下的真实成绩（$p<0.001$）；无反馈条件下，被试的真实成绩与真实消极反馈条件下的真实成绩无显著差异（$p>0.05$）。作弊妨碍与反馈条件的交互作用不显著，$F_{(2,73)}=0.60$，$p>0.05$，$\eta_p^2=0.01$。

另外，采用多变量方差来分析不同反馈条件下两组被试预测成绩的差异，来进一步考察自我欺骗行为的差异。结果发现，无反馈条件下、模糊消极反馈条件下的妨碍组被试的预测成绩显著低于无妨碍组，$F_{(1,73)}=4.69$，$p<0.05$，$\eta_p^2=0.66$，$F_{(1,73)}=6.67$，$p<0.01$，$\eta_p^2=0.08$；真实消极反馈条件下，妨碍组被试的预测成绩与无妨碍组无显著差异，$F_{(1,73)}=2.22$，$p>0.05$，$\eta_p^2=0.03$（见图7-2，表7-1）。

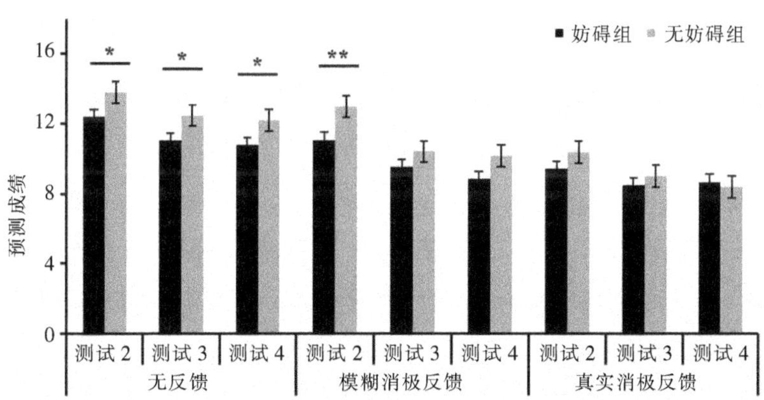

图7-2　测试2、3、4的预测成绩比较图

（三）测试3的预测成绩与真实成绩

预测成绩的重复测量方差分析表明，作弊妨碍的主效应不显著，妨碍组被

试的预测成绩与无妨碍组无显著差异，$F_{(1,73)} = 3.20$，$p > 0.05$，$\eta_p^2 = 0.04$；反馈条件的主效应显著，$F_{(2,73)} = 35.63$，$p < 0.001$，$\eta_p^2 = 0.33$；无反馈条件下，被试的预测成绩显著高于模糊消极反馈条件下（$p < 0.001$）和真实消极反馈条件下的预测成绩（$p < 0.001$）；模糊消极反馈条件下，被试的预测成绩显著高于真实消极反馈条件下的预测成绩（$p < 0.01$）；作弊妨碍与反馈条件的交互作用不显著，$F_{(2,73)} = 0.82$，$p > 0.05$，$\eta_p^2 = 0.01$。

真实成绩的重复测量方差分析表明，作弊妨碍的主效应不显著，$F_{(1,73)} = 0.32$，$p > 0.05$，$\eta_p^2 = 0.01$；反馈条件主效应不显著，$F_{(2,73)} = 2.53$，$p > 0.05$，$\eta_p^2 = 0.03$。作弊妨碍与反馈条件的交互作用不显著，$F_{(2,73)} = 1.11$，$p > 0.05$，$\eta_p^2 = 0.02$。

另外，采用多变量方差分析不同反馈条件下两组被试预测成绩的差异，来进一步考察两组被试自我欺骗行为的差异。结果发现：无反馈条件下，妨碍组被试的预测成绩显著低于无妨碍组，$F_{(1,73)} = 4.42$，$p < 0.05$，$\eta_p^2 = 0.06$；模糊消极反馈条件下和真实消极反馈条件下，妨碍组被试的预测成绩与无妨碍组均无显著差异，$F_{(1,73)} = 1.54$，$p > 0.05$，$\eta_p^2 = 0.02$，$F_{(1,73)} = 2.47$，$p > 0.05$，$\eta_p^2 = 0.03$（见图 7－2，表 7－1）。

（四）测试 4 的预测成绩与真实成绩

测试 4 重复测量方差分析表明，作弊妨碍的主效应不显著，$F_{(1,73)} = 2.19$，$p > 0.05$，$\eta_p^2 = 0.03$；反馈条件的主效应显著，$F_{(2,73)} = 36.07$，$p < 0.001$，$\eta_p^2 = 0.33$；无反馈条件下，被试的预测成绩显著高于模糊消极反馈条件下（$p < 0.001$）和真实消极反馈条件下的预测成绩（$p < 0.001$）；模糊消极反馈条件下，被试的预测成绩显著高于真实消极反馈条件下的预测成绩（$p < 0.01$）。作弊妨碍与反馈条件的交互作用显著，$F_{(2,73)} = 3.53$，$p < 0.05$，$\eta_p^2 = 0.05$。简单效应分析发现，妨碍组被试在无反馈条件下的预测成绩显著高于模糊消极反馈条件下（$p < 0.001$）和真实消极反馈条件下的预测成绩（$p < 0.01$），其模糊消极反馈条件下的预测成绩与真实消极反馈条件下的预测成绩无显著差异（$p > 0.05$）。无妨碍组被试在无反馈条件下的预测成绩显著高于模糊消极反馈条件下（$p<0.001$）和真实消极反馈条件下的预测成绩（$p<0.001$），模糊消极反馈条件下的预测成绩与真实消极反馈条件下的预测成绩差异显著（$p<0.01$）。

真实成绩的重复测量方差分析表明，作弊妨碍的主效应不显著，$F_{(1,73)}=0.14$，$p>0.05$，$\eta_p^2=0.01$；反馈条件主效应显著，$F_{(2,73)}=5.02$，$p<0.01$，$\eta_p^2=0.06$。真实消极反馈条件下，被试的真实成绩显著高于无反馈条件下（$p<0.01$）和模糊消极反馈条件下的真实成绩（$p<0.05$）；无反馈条件下，被试的真实成绩与消极反馈条件下的真实成绩无显著差异（$p>0.05$）。作弊妨碍与反馈条件的交互作用不显著，$F_{(2,73)}=0.60$，$p>0.05$，$\eta_p^2=0.01$。

另外，采用多变量方差分析不同反馈条件下两组被试预测成绩的差异，来进一步考察两组被试自我欺骗行为的差异。结果发现：无反馈条件下，妨碍组被试的预测成绩显著低于无妨碍组，$F_{(1,73)}=4.35$，$p<0.05$，$\eta_p^2=0.06$；模糊消极反馈条件下和真实消极反馈条件下，妨碍组被试的预测成绩与无妨碍组均无显著差异，$F_{(1,73)}=2.47$，$p>0.05$，$\eta_p^2=0.03$，$F_{(1,73)}=0.16$，$p>0.05$，$\eta_p^2=0.01$（见图7－2，表7－1）。

（五）测试2、3、4预测成绩与真实成绩的组内比较

1. 妨碍组预测成绩与真实成绩的组内比较

配对样本T检验结果表明，在无反馈条件下，测试2、测试3和测试4的预测成绩显著高于真实成绩：测试2［$t(37)=6.88$，$p<0.001$，$d=1.57$］，测试3［$t(37)=4.62$，$p<0.001$，$d=1.06$］，测试4［$t(37)=4.64$，$p<0.001$，$d=1.07$］；在模糊消极反馈条件下，测试2的预测成绩与真实成绩有显著差异，测试2［$t(37)=2.75$，$p=0.01$，$d=0.59$］，测试3和测试4的预测成绩与真实成绩无显著差异：测试3［$t(37)=1.51$，$p=0.14$，$d=0.35$］，测试4［$t(37)=1.11$，$p=0.28$，$d=0.27$］；在真实消极反馈条件下，测试2的预测成绩与真实成绩有显著差异，测试2［$t(37)=2.43$，$p=0.02$，$d=0.61$］，测试3和测试4的预测成绩与真实成绩无显著差异：测试3［$t(37)=0.90$，$p=0.37$，$d=0.23$］，测试4［$t(37)=-1.39$，$p=0.17$，$d=-0.32$］（见图7－3）。

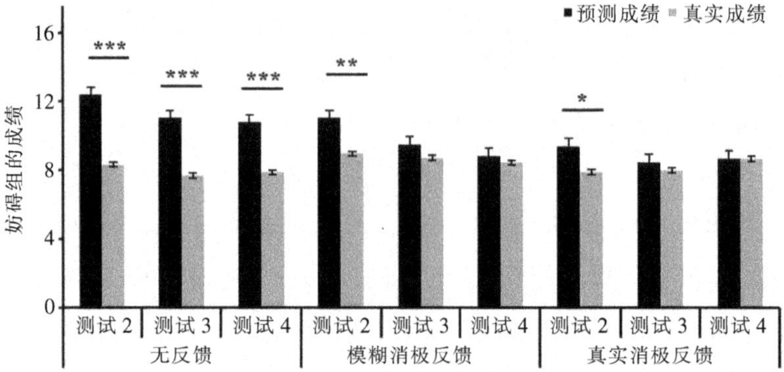

图 7-3 妨碍组预测成绩与真实成绩的比较图

2. 无妨碍组预测成绩与真实成绩的组内比较

配对样本 T 检验结果表明，在无反馈条件下，测试 2、测试 3 和测试 4 的预测成绩显著高于真实成绩：测试 2 [t (36) = 10.55，p < 0.001，d = 2.22]，测试 3 [t (36) = 8.07，p < 0.001，d = 1.84]，测试 4 [t (36) = 6.39，p < 0.001，d = 1.65]；在模糊消极反馈条件下，测试 2、测试 3 和测试 4 的预测成绩显著高于真实成绩：测试 2 [t (36) = 6.93，p < 0.001，d = 1.46]，测试 3 [t (36) = 2.70，p = 0.01，d = 0.65]，测试 4 [t (36) = 2.17，p = 0.03，d = 0.58]；在真实消极反馈条件下，测试 2 的预测成绩显著高于真实成绩：测试 2 [t (36) = 5.68，p < 0.001，d = 1.08]，测试 3 和测试 4 的预测成绩与真实成绩无显著差异：测试 3 [t (36) = 1.89，p = 0.08，d = 0.41]，测试 4 [t (36) = −0.14，p = 0.64，d = −0.11]（见图 7−4）。

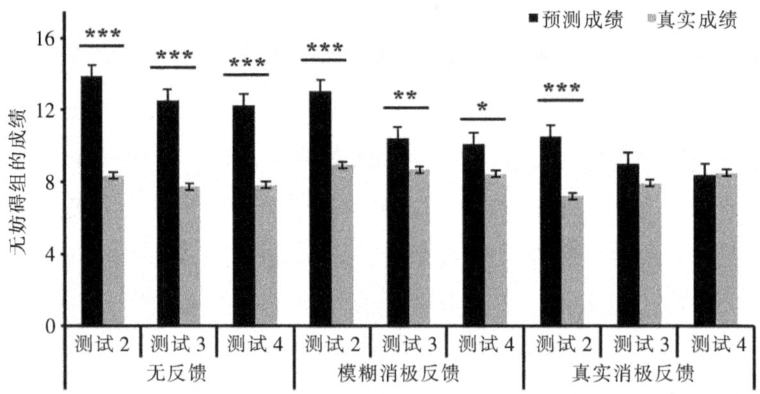

图 7-4 无妨碍组预测成绩与真实成绩的比较图

五、讨论

（一）作弊妨碍对作弊行为与积极信念建立的影响

实验6旨在实验4的基础上考察在消极反馈条件下，作弊妨碍对自我欺骗消退的影响。测试1旨在考察作弊妨碍是否会减少作弊行为和对自我成绩的积极信念。测试1的结果发现，三种反馈条件下，妨碍组被试的估计成绩和真实成绩均显著低于无妨碍组，这说明我们设置的作弊妨碍有效地减少了作弊行为和对自我成绩积极信念的建立，结果符合我们之前的假设。自我概念维护理论认为，当人们在诚实的标准上付出更多关注时，人们为了维护一个积极的自我概念，不诚实的行为就会减少（Mazar et al.，2008）。按照这样的逻辑，妨碍组被试需要按A键可以查看答案提示，如果被试按了A键，被试会关注到自己的作弊行为，从而增强了道德行为的意识，就会减少作弊行为。

（二）作弊妨碍对自我欺骗行为的影响

实验6通过测试2来考察作弊妨碍下答案提示诱发的自我欺骗行为。测试2成绩的组内比较的结果发现，三种反馈条件下，妨碍组和无妨碍组被试的预测成绩显著高于真实成绩，这个结果与实验3、4的研究结果一致，说明两组被试在测试2中均发生了自我欺骗。妨碍组被试的预测成绩显著低于无妨碍组，且两组被试的真实成绩无显著差异，结果表明作弊妨碍有效地减少了自我欺骗的发生，结果符合我们之前的假设。自我欺骗是为了更好地欺骗他人（Lynn，Pipitone，& Keenan，2014；Trivers，1985；Trivers，2000；Turk，2012；Hippel & Trivers，2011；陆慧菁，2012），欺骗与自我欺骗就如同一枚硬币的正反面（Turk，2012），彼此相互依存和影响。按照这样的逻辑，我们可以推论，妨碍组被试在测试2中预测成绩的减少，是由于在测试1中的作弊行为和对自我成绩积极信念的削弱而导致的。换句话说，作弊妨碍通过削弱作弊行为和积极信念来减少自我欺骗的发生。

（三）消极反馈与作弊妨碍下自我欺骗的消退

实验 6 分别在测试 3 和测试 4 之前，给两组被试不同的消极反馈，来考察不同消极反馈条件下，作弊妨碍对自我欺骗消退的影响。测试 3 和测试 4 中，无反馈条件下，妨碍组被试的预测成绩显著低于无妨碍组；模糊消极反馈和真实消极反馈条件下，妨碍组被试的预测成绩与无妨碍组均无显著差异。两组被试在三种条件下的真实成绩（测试 3 和测试 4）均无显著性差异。这些结果说明，在无反馈条件下，作弊妨碍可以有效地减少自我欺骗；在消极反馈条件下，作弊妨碍更能有效地消退自我欺骗，结果符合我们之前的假设。

另外，在模糊消极反馈条件下，无妨碍组测试 3、4 的预测成绩与真实成绩有显著差异，妨碍组测试 3、4 的预测成绩与真实成绩没有显著差异。真实消极反馈条件下，两组被试在测试 3 和测试 4 中的预测成绩与真实成绩均没有显著差异。这些结果表明：（1）在无作弊妨碍条件下，模糊消极反馈能够有效地减少自我欺骗的发生，但并不能消退自我欺骗；真实消极反馈比模糊消极反馈更能有效地削弱自我欺骗的发生，并能促进自我欺骗的消退；（2）在消极反馈条件下，作弊妨碍更能有效地减少自我欺骗的发生。

认识到自己的自我欺骗是困难的，而纠正自我欺骗更是一项困难的任务，个体可以通过直面自我欺骗的倾向，来减少自我欺骗的发生而不是忽视它（Tenbrunsel & Messick，2004）。然而个体发生自我欺骗是无意识的，本身并不完全具备面对自我欺骗的能力，除了个体通过自己的行为来更真实地认知自己，还应该在自我欺骗发生前，实施来自他人的行为干预，尤其是对不道德行为的干预。实验 6 就是一种通过在自我欺骗发生以前，对作弊行为实施了不道德行为的干预。结果表明作弊妨碍可以有效地减少自我欺骗的发生，在消极反馈条件下作弊妨碍可以加速自我欺骗的消退。

（四）自我欺骗的消退对真实成绩的影响

测试 2 中，模糊消极反馈条件下的真实成绩显著高于无反馈条件下和真实消极反馈条件下的真实成绩，无反馈条件下的真实成绩与真实消极反馈条件下的真实成绩无显著差异；测试 3 中，反馈条件主效应不显著；测试 4 中，真实消极模糊反馈条件下的真实成绩显著高于无反馈条件下和模糊消极反馈条件下的真实成绩，无反馈条件下的真实成绩与消极反馈条件下的真实成绩无显著差异。这些结果与实验5相比，除了测试3的结果有点差异，其他结果基本一致，可以观察到，真实模糊消极反馈条件下，被试有着更好的真实成绩。在消极反馈后，测试3和测试4中，伴随着自我欺骗在时间上逐渐消退，实验结果从模糊反馈条件下，被试的真实成绩显著高于无反馈条件下和真实消极反馈条件下的真实成绩，逐渐转变为真实消极反馈条件下，被试的真实成绩逐渐高于无反馈条件下和模糊消极反馈下的真实成绩。这些结果表明被试在自我欺骗消退后，有着更好的成绩表现。

第二节　消极反馈与作弊妨碍对不同自尊者自我欺骗消退的影响（实验7）

一、问题的提出

有研究者认为自我欺骗与自尊有很大的相似性，如自尊和自我欺骗都与自我提升有关，同时还提出自我欺骗是一种防御机制。在这种防御机制中，威胁性信息被个体主观歪曲和避免。而这种处于防御机制之下的自我欺骗，有助于人们在维持自尊的同时减少焦虑（Delroy L. Paulhus & John，1998）。研究者在探讨自我欺骗、自尊与情绪自传体记忆的关系研究时发现，自我欺骗与自尊显著正相关，对自尊有正向预测作用（蒲小波，2009）。Paglione博士在探讨家暴者在集体治疗期间人格因素和自我认知的变化时发现，自我欺骗、自恋、自尊三者显著正相关，较高自尊的大学生具有较高的人际自我欺骗的倾向（Paglione，2010）。但是也存在着相反的质疑，一些研究人员认为，一个具有高度自尊的人其自我欺骗的得分会较低，因为他意识到自己的局限性，并对个人成长持开放态度（Paglione，2010）。当面对自我相关领域的失败时，个体往往会经历自尊降低、消极影响更大、积极情绪减少的趋势。失败后自尊降低的程度与自我欺骗关系不大，但与经历的消极影响程度有关，个体在面对失败时自我欺骗并不能保护自尊不受到影响（Johnson et al.，1997）。目前对自我欺骗与自尊关系的研究还非常少，并且存在一定的争议。这也意味着，继续探讨自尊这一人格特质与个体的自我欺骗的关系是必要的。因此，实验7在实验6的基础上将进一步探究在消极反馈与作弊妨碍下，个体的自尊水平是否会调节自我欺骗的消退，来进一步探究自我欺骗消退的机制。

二、目的与假设

实验目的：旨在考察消极反馈与作弊妨碍对不同自尊水平者自我欺骗消退的影响。

实验假设：不同自尊水平者在无作弊妨碍和作弊妨碍条件下，其作弊行为、积极信念的建立和自我欺骗的发生存在差异；不同自尊水平者在不同消极反馈和作弊妨碍条件下，个体自我欺骗的消退会存在差异。高自尊个体有着高的积极信念，因此高自尊个体的自我欺骗消退要慢于低自尊个体。

三、方法

（一）被试

招募非心理学专业大学生被试300名，在实验前一周，用中文版Rosenberg积极自尊量表（陈菲，2015）测量被试的自尊水平，根据高低分数排名进行分组。前27%为高自尊组（剔除无效数据被试4人后，77名被试参与实验，男生35人，女生42人），后27%为低自尊组（剔除无效数据被试6人后，75名被试参与实验，男生33人，女生42人），均为右利手，视力正常或校正后正常。高自尊被试被随机分为妨碍组（35名）和无妨碍组（42名），低自尊被试被随机分为妨碍组（32名）和无妨碍组（43名），平均年龄为19.80±0.38。

（二）实验设计

实验设计：3（消极反馈类型：无、模糊、真实）×2（作弊妨碍：有、无）×2（自尊水平：高、低）混合设计。消极反馈类型为被试内变量，作弊妨碍、自尊水平为被试间变量，因变量为积极信念的建立、作弊行为和自我欺骗。

（三）实验材料

实验采用的“点估计”材料同实验4。

实验采用中文版 Rosenberg 积极自尊量表（陈菲，2015）：Cronbach α 系数在0.83～0.89之间。由10个题目组成，每题正向陈述，比如“我觉得我确实有很多值得自己骄傲的地方”，采用1（完全不符合）～5（完全符合）点法记分。经 Greenberger 等人（2003）考察，该工具具有良好的信效度，可以克服反向陈述所带来的方法效应。

（四）实验程序

在实验前一周，发放中文版 Rosenberg 积极自尊量表问卷星测量300名大学生自尊水平，根据高低分数排名进行高、低自尊分组。实验中，又把高、低自尊水平被试随机分为妨碍组和无妨碍组。其他同实验五。

（五）数据分析

采用软件 SPSS 24.0 中文版进行实验数据的录入与分析。3（消极反馈类型：无、模糊、真实）×2（作弊妨碍：有、无）×2（自尊水平：高、低）重复测量方差，分析测试1和测试2、3、4中的自尊水平、作弊妨碍和消极反馈条件下被试的成绩差异，考察自尊水平、作弊妨碍和消极反馈条件对被试在测试1中积极信念的建立、作弊行为的影响和在测试2、3、4中的自我欺骗消退的影响。运用多变量方差分别计算不同消极反馈条件下，不同自尊水平有无妨碍组被试测试1中真实成绩、估计成绩的组间差异，来考察不同自尊水平有无妨碍组被试作弊行为与积极信念的变化。通过计算不同消极反馈条件下，不同自尊水平有无妨碍组被试测试2、3、4中预测成绩的组间差异，来揭示组间比较下观察到的自我欺骗及其消退。采用配对样本T检验，分别计算在不同消极反馈条件下，不同自尊水平者有无妨碍组被试预测成绩和真实成绩的组内差异，来考察四组被试（高自尊妨碍组、低自尊妨碍组、高自尊无妨碍组、低自尊无妨碍组）组内比较下观察到的自我欺骗及其消退。

四、结果

（一）测试1的估计成绩和真实成绩

估计成绩的重复测量方差分析表明，作弊妨碍的主效应显著，妨碍组被试的估计成绩显著低于无妨碍组，$F_{(1,148)}=37.51$，$p<0.001$，$\eta_p^2=0.20$；自尊水平的主效应不显著，$F_{(1,148)}=0.71$，$p>0.05$，$\eta_p^2=0.01$；两者的交互作用不显著，$F_{(1,148)}=0.71$，$p>0.05$，$\eta_p^2=0.01$。反馈类型的主效应显著，$F_{(2,148)}=12.44$，$p<0.001$，$\eta_p^2=0.08$；无反馈条件下的估计成绩和模糊反馈条件的估计成绩没有显著差异，$p>0.05$；无反馈条件和模糊消极反馈条件下（$p<0.01$）的估计成绩显著高于真实消极反馈条件下（$p<0.001$）的估计成绩。作弊妨碍、自尊水平和反馈类型的估计成绩三者交互作用不显著，$F_{(2,148)}=0.71$，$p>0.05$，$\eta_p^2=0.01$。

真实成绩的重复测量方差分析表明，作弊妨碍的主效应显著，妨碍组被试的真实成绩显著低于无妨碍组，$F_{(1,148)}=101.06$，$p<0.001$，$\eta_p^2=0.41$；自尊类型的主效应不显著，$F_{(1,148)}=0.27$，$p>0.05$，$\eta_p^2=0.01$；两者的交互作用不显著，$F_{(1,148)}=0.01$，$p>0.05$，$\eta_p^2=0.01$。反馈条件的主效应显著，$F_{(2,148)}=12.02$，$p<0.001$，$\eta_p^2=0.08$；无反馈条件下（$p<0.01$）的真实成绩显著低于模糊消极反馈条件下和真实消极反馈条件下（$p<0.001$）的真实成绩；模糊消极反馈条件下和真实消极反馈条件下的真实成绩无显著差异，$p>0.05$。作弊妨碍、自尊水平和反馈类型的真实成绩三者交互作用不显著，$F_{(2,148)}=2.63$，$p>0.05$，$\eta_p^2=0.02$。

另外，采用多变量方差分析进一步计算无妨碍组和妨碍组的不同自尊水平者估计成绩和真实成绩之间的差异，来考察妨碍组和无妨碍组的不同自尊水平者的作弊行为与积极信念的建立。妨碍组成绩的方差分析结果表明，无反馈条件、模糊消极反馈和真实消极反馈条件下，高自尊被试的估计成绩与低自尊被试的估计成绩无显著差异，$F_{(1,65)}=0.72$，$p>0.05$，$\eta_p^2=0.01$，$F_{(1,65)}=$

0.76，$p>0.05$，$\eta_p^2=0.01$，$F_{(1,65)}=0.99$，$p>0.05$，$\eta_p^2=0.02$；无反馈条件、模糊消极反馈和真实消极反馈条件下，高自尊被试的真实成绩与低自尊被试的真实成绩无显著差异，$F_{(1,65)}=1.12$，$p>0.05$，$\eta_p^2=0.02$，$F_{(1,65)}=0.12$，$p>0.05$，$\eta_p^2=0.002$，$F_{(1,65)}=1.62$，$p>0.05$，$\eta_p^2=0.02$。无妨碍组成绩的方差分析结果表明，无反馈条件、模糊消极反馈和真实消极反馈条件下，高自尊被试的估计成绩与低自尊被试无显著差异，$F_{(1,83)}=0.89$，$p>0.05$，$\eta_p^2=0.01$，$F_{(1,83)}=0.22$，$p>0.05$，$\eta_p^2=0.003$，$F_{(1,83)}=0.24$，$p>0.05$，$\eta_p^2=0.003$；无反馈条件、模糊消极反馈和真实消极反馈条件下，高自尊被试的真实成绩与低自尊被试无显著差异，$F_{(1,83)}=0.38$，$p>0.05$，$\eta_p^2=0.01$，$F_{(1,83)}=0.13$，$p>0.05$，$\eta_p^2=0.002$，$F_{(1,83)}=0.02$，$p>0.05$，$\eta_p^2=0.001$（见表7-2）。

表7-2　估计/预测成绩与真实成绩（$M\pm SD$）

				测试1	测试2	测试3	测试4
无反馈	高自尊	妨碍组	估计/预测成绩	11.11±2.78	12.29±2.93	11.26±2.97	11.51±3.17
			真实成绩	8.46±2.47	8.03±1.71	8.00±1.77	7.26±1.84
		无妨碍组	估计/预测成绩	14.31±3.73	13.74±2.89	12.17±3.00	11.81±2.73
			真实成绩	15.57±4.43	8.26±2.50	7.83±2.35	8.38±2.40
	低自尊	妨碍组	估计/预测成绩	10.50±3.16	11.71±3.27	10.59±3.20	10.66±2.79
			真实成绩	9.19±3.17	8.34±1.94	8.00±2.20	8.00±2.41
		无妨碍组	估计/预测成绩	13.53±3.83	12.49±2.72	11.30±2.55	10.74±3.20
			真实成绩	14.95±4.81	8.02±1.77	7.72±2.02	8.09±1.62
模糊消极反馈	高自尊	妨碍组	估计/预测成绩	10.86±3.14	11.00±3.10	9.57±2.90	9.23±3.25
			真实成绩	10.17±4.11	8.49±2.11	8.57±2.33	8.20±2.40
		无妨碍组	估计/预测成绩	14.74±4.00	12.69±2.83	10.60±2.33	10.14±3.35
			真实成绩	16.64±4.46	8.50±2.18	8.81±2.18	8.38±2.45
	低自尊	妨碍组	估计/预测成绩	11.56±3.50	11.13±2.89	8.63±2.93	8.38±3.06
			真实成绩	9.81±4.48	8.63±2.57	8.91±2.34	8.09±2.37
		无妨碍组	估计/预测成绩	14.33±4.11	11.60±2.39	9.79±2.66	8.79±2.82
			真实成绩	16.30±4.23	8.79±2.48	8.63±2.31	8.00±2.07

续表

				测试 1	测试 2	测试 3	测试 4
真实消极反馈	高自尊	妨碍组	估计/预测成绩	10.37 ± 3.41	9.60 ± 2.56	8.69 ± 2.14	9.23 ± 2.03
			真实成绩	11.60 ± 4.73	8.09 ± 1.90	8.83 ± 1.81	8.83 ± 2.26
		无妨碍组	估计/预测成绩	12.85 ± 5.05	10.28 ± 3.55	9.57 ± 2.80	9.36 ± 2.33
			真实成绩	16.10 ± 4.77	7.77 ± 2.13	8.62 ± 1.99	8.88 ± 2.50
	低自尊	妨碍组	估计/预测成绩	9.44 ± 4.24	9.03 ± 3.10	8.16 ± 2.06	8.63 ± 2.35
			真实成绩	10.15 ± 4.52	7.59 ± 2.06	8.09 ± 1.25	8.97 ± 2.12
		无妨碍组	估计/预测成绩	12.37 ± 4.08	9.81 ± 2.97	8.05 ± 2.33	8.35 ± 1.90
			真实成绩	16.23 ± 4.72	7.63 ± 2.29	8.28 ± 1.96	9.00 ± 2.17

（二）测试 2 的预测成绩与真实成绩

预测成绩的重复测量方差分析表明，作弊妨碍的主效应显著，妨碍组被试的预测成绩显著低于无妨碍组，$F_{(1,148)} = 5.78$，$p < 0.05$，$\eta_p^2 = 0.04$；自尊类型的主效应不显著，$F_{(1,148)} = 2.43$，$p > 0.05$，$\eta_p^2 = 0.02$；两者的交互作用不显著，$F_{(1,148)} = 0.50$，$p > 0.05$，$\eta_p^2 = 0.01$。反馈条件的主效应显著，$F_{(2,148)} = 87.92$，$p < 0.001$，$\eta_p^2 = 0.37$；无反馈条件下和模糊反馈条件下（$p < 0.001$）的预测成绩显著高于真实消极反馈条件下（$p < 0.001$）的预测成绩；模糊消极反馈条件下的预测成绩显著高于真实消极反馈条件下的预测成绩，$p < 0.001$。作弊妨碍、自尊水平和反馈类型的预测成绩三者交互作用不显著，$F_{(2,148)} = 1.04$，$p > 0.05$，$\eta_p^2 = 0.01$。

真实成绩的重复测量方差分析表明，作弊妨碍的主效应不显著，$F_{(1,148)} = 0.03$，$p > 0.05$，$\eta_p^2 = 0.01$；自尊类型的主效应不显著，$F_{(1,148)} = 0.01$，$p > 0.05$，$\eta_p^2 = 0.01$；两者的交互作用不显著，$F_{(1,148)} = 0.01$，$p > 0.05$，$\eta_p^2 = 0.01$。反馈条件的主效应显著，$F_{(2,148)} = 5.41$，$p < 0.01$，$\eta_p^2 = 0.04$；无反馈条件下（$p > 0.05$）被试的真实成绩与模糊消极反馈条件下和真实消极反馈条件下的真实成绩无显著差异（$p > 0.05$）；模糊消极反馈条件下的真实成绩显著高于真实消极反馈条件下的真实成绩，$p < 0.01$。作弊妨碍、自尊水平和反

馈类型的真实成绩三者交互作用不显著，$F_{(2,148)}=0.45$，$p>0.05$，$\eta_p^2=0.01$。

另外，采用多变量方差分析，进一步揭示无妨碍组和妨碍组的不同自尊水平者预测成绩之间的差异，来考察妨碍组和无妨碍组的不同自尊水平者的自我欺骗。妨碍组方差分析结果表明，无反馈条件下、模糊消极反馈条件下和真实消极反馈条件下，高自尊被试的预测成绩与低自尊被试的预测成绩无显著差异，$F_{(1,65)}=0.56$，$p>0.05$，$\eta_p^2=0.01$，$F_{(1,65)}=0.03$，$p>0.05$，$\eta_p^2=0.01$，$F_{(1,65)}=0.68$，$p>0.05$，$\eta_p^2=0.01$。无妨碍组方差分析结果表明，无反馈条件下和模糊消极反馈条件下，高自尊被试的预测成绩显著高于低自尊被试，$F_{(1,83)}=4.22$，$p<0.05$，$\eta_p^2=0.05$，$F_{(1,83)}=4.12$，$p<0.05$，$\eta_p^2=0.05$，真实消极反馈条件下，高自尊被试的预测成绩与低自尊被试的真实成绩无显著差异，$F_{(1,83)}=0.44$，$p>0.05$，$\eta_p^2=0.01$（见图 7－5，表 7－2）。

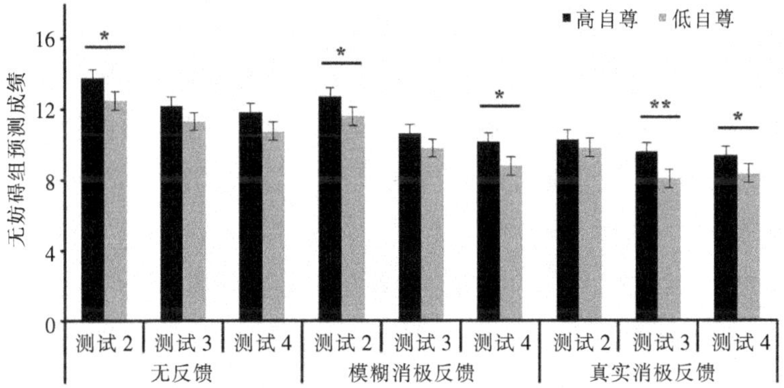

图 7-5　无妨碍组高低自尊者的预测成绩比较图

（三）测试 3 的预测成绩与真实成绩

预测成绩的重复测量方差分析表明，作弊妨碍的主效应显著，妨碍组被试的预测成绩显著低于无妨碍组，$F_{(1,148)}=4.15$，$p<0.05$，$\eta_p^2=0.03$；自尊类型的主效应显著，$F_{(1,148)}=5.78$，$p<0.05$，$\eta_p^2=0.04$；两者的交互作用不显著，$F_{(1,148)}=0.51$，$p>0.05$，$\eta_p^2=0.01$。反馈条件的主效应显著，$F_{(2,148)}=64.42$，$p<0.001$，$\eta_p^2=0.30$；无反馈条件下和模糊反馈条件下（$p<0.001$）的预测成绩显著高于真实消极反馈下（$p<0.001$）的预测成绩；模糊消极反

馈条件下的预测成绩显著高于真实消极反馈条件下的预测成绩，$p<0.001$。作弊妨碍、自尊水平和反馈类型的预测成绩三者交互作用不显著，$F_{(2,148)}=0.42$，$p>0.05$，$\eta_p^2=0.01$。

真实成绩的重复测量方差分析表明，作弊妨碍的主效应不显著，$F_{(1,148)}=0.22$，$p>0.05$，$\eta_p^2=0.001$；自尊类型的主效应不显著，$F_{(1,148)}=0.62$，$p>0.05$，$\eta_p^2=0.004$；两者的交互作用不显著，$F_{(1,148)}=0.06$，$p>0.05$，$\eta_p^2=0.001$。反馈条件的主效应显著，$F_{(2,148)}=6.71$，$p<0.01$，$\eta_p^2=0.04$；模糊消极反馈条件下和真实消极反馈条件下（$p<0.01$），被试的真实成绩显著高于无反馈条件下的真实成绩（$p<0.01$）；模糊消极反馈条件下的真实成绩与真实消极反馈条件下的真实成绩无显著差异，$p>0.05$。作弊妨碍、自尊水平和反馈类型的真实成绩三者交互作用不显著，$F_{(2,148)}=0.41$，$p>0.05$，$\eta_p^2=0.001$。

另外，采用多变量方差分析，进一步揭示无妨碍组和妨碍组的不同自尊水平者预测成绩之间的差异，来考察妨碍组和无妨碍组的不同自尊水平者自我欺骗的消退。妨碍组方差分析结果表明，无反馈、模糊消极反馈和真实消极反馈条件下，高自尊被试的预测成绩与低自尊被试的预测成绩无显著差异，$F_{(1,65)}=0.77$，$p>0.05$，$\eta_p^2=0.01$，$F_{(1,65)}=0.57$，$p>0.05$，$\eta_p^2=0.01$，$F_{(1,65)}=0.89$，$p>0.05$，$\eta_p^2=0.01$。无妨碍组方差分析结果表明，无反馈条件和模糊消极反馈条件下，高、低自尊被试的预测成绩无显著差异，$F_{(1,83)}=2.07$，$p>0.05$，$\eta_p^2=0.02$，$F_{(1,83)}=2.20$，$p>0.05$，$\eta_p^2=0.03$；真实消极反馈条件下的高自尊被试的预测成绩显著高于低自尊被试的预测成绩，$F_{(1,83)}=7.48$，$p<0.01$，$\eta_p^2=0.08$（见图7-5，表7-2）。

（四）测试4的预测成绩与真实成绩

预测成绩的重复测量方差分析表明，作弊妨碍的主效应不显著，$F_{(1,148)}=0.53$，$p>0.05$，$\eta_p^2=0.004$；自尊类型的主效应显著，$F_{(1,148)}=7.14$，$p<0.01$，$\eta_p^2=0.05$；两者的交互作用不显著，$F_{(1,148)}=0.27$，$p>0.05$，$\eta_p^2=0.002$。反馈条件的主效应显著，$F_{(2,148)}=53.28$，$p<0.001$，$\eta_p^2=0.27$；无反馈条件下（$p<0.001$）的预测成绩显著高于模糊反馈条件下和真实消极反馈

条件下（$p < 0.001$）的预测成绩；模糊消极反馈条件下的预测成绩与真实消极反馈条件下的预测成绩无显著差异，$p > 0.05$。作弊妨碍、自尊水平和反馈类型的预测成绩三者交互作用不显著，$F_{(2,148)} = 0.42$，$p > 0.05$，$\eta_p^2 = 0.01$。

真实成绩的重复测量方差分析表明，作弊妨碍和自尊水平的主效应均不显著，$F_{(1,148)} = 0.63$，$p > 0.05$，$\eta_p^2 = 0.004$，$F_{(1,148)} = 0.13$，$p > 0.05$，$\eta_p^2 = 0.003$；两者的交互作用不显著，$F_{(1,148)} = 1.32$，$p > 0.05$，$\eta_p^2 = 0.01$。反馈条件的主效应显著，$F_{(2,148)} = 8.16$，$p < 0.001$，$\eta_p^2 = 0.05$；真实消极反馈条件下（$p < 0.001$）被试的真实成绩显著高于无反馈、消极反馈和模糊消极反馈条件下（$p < 0.01$）的真实成绩；无反馈条件下被试的真实成绩与模糊消极反馈条件下的真实成绩无显著差异，$p > 0.05$。作弊妨碍、自尊水平和反馈类型的真实成绩三者交互作用不显著，$F_{(2,148)} = 0.51$，$p > 0.05$，$\eta_p^2 = 0.003$。

另外，采用多变量方差分析，进一步揭示无妨碍组和妨碍组的不同自尊水平者预测成绩之间的差异，来考察妨碍组和无妨碍组的不同自尊水平者自我欺骗的消退。妨碍组方差分析结果表明，无反馈、模糊消极反馈和真实消极反馈条件下，高自尊被试的的预测成绩与低自尊被试预测成绩无显著差异，$F_{(1,65)} = 1.38$，$p > 0.05$，$\eta_p^2 = 0.02$，$F_{(1,65)} = 1.22$，$p > 0.05$，$\eta_p^2 = 0.021$，$F_{(1,65)} = 1.27$，$p > 0.05$，$\eta_p^2 = 0.02$。无妨碍组方差分析结果表明，无反馈条件下高、低自尊被试的预测成绩无显著差异，$F_{(1,83)} = 2.72$，$p > 0.05$，$\eta_p^2 = 0.03$；模糊消极反馈和真实消极反馈条件下的高自尊被试的预测成绩显著高于低自尊被试的预测成绩，$F_{(1,83)} = 4.06$，$p < 0.05$，$\eta_p^2 = 0.05$，$F_{(1,83)} = 4.80$，$p < 0.05$，$\eta_p^2 = 0.06$（见图 7－5，表 7－2）。

（五）测试 2、3、4 的预测成绩与真实成绩的组内比较

1. 高自尊妨碍组预测成绩与真实成绩的组内比较

配对样本 T 检验结果表明，在无反馈条件下，测试 2、测试 3 和测试 4 的预测成绩显著高于真实成绩：测试 2 [t（34）$= 7.61$，$p < 0.001$，$d = 1.78$]，测试 3 [t（34）$= 5.70$，$p < 0.001$，$d = 1.33$]，测试 4 [t（34）$= 7.32$，$p < 0.001$，$d = 1.64$]；在模糊消极反馈条件下，测试 2 的预测成绩与真实成绩有

显著差异，测试2［t（34）=3.71，p=0.001，d=0.94］，测试3和测试4的预测成绩与真实成绩无显著差异：测试3［t（34）=1.40，p=0.17，d=0.38］，测试4［t（34）=1.65，p=0.11，d=0.36］；在真实消极反馈条件下，测试2的预测成绩与真实成绩有显著差异，测试2［t（34）=2.54，p=0.02，d=0.67］，测试3和测试4的预测成绩与真实成绩无显著差异：测试3［t（34）=−0.30，p=0.77，d=−0.07］，测试4［t（34）=0.93，p=0.36，d=0.19］（见图7－6）。

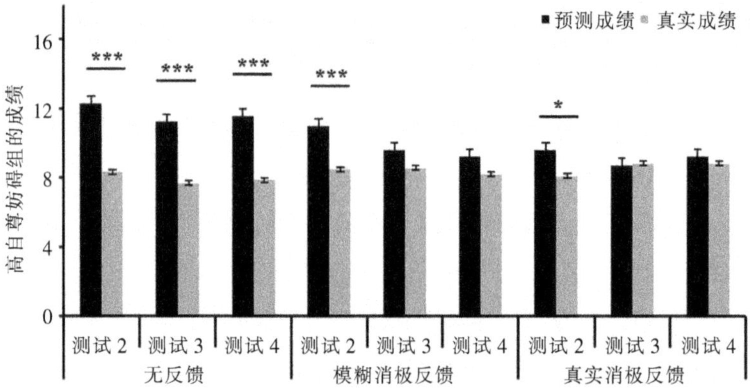

图7-6　高自尊妨碍组预测成绩与真实成绩的比较图

2. 低自尊妨碍组预测成绩与真实成绩的组内比较

配对样本T检验结果表明，在无反馈条件下，测试2、测试3和测试4的预测成绩显著高于真实成绩：测试2［t（31）=5.07，p<0.001，d=1.26］，测试3［t（31）=3.74，p=0.001，d=0.94］，测试4［t（31）=3.73，p=0.001，d=1.02］；在模糊消极反馈条件下，测试2的预测成绩与真实成绩有显著差异，测试2［t（31）=3.65，p=0.001，d=0.91］，测试3和测试4的预测成绩与真实成绩无显著差异：测试3［t（31）=0.19，p=0.85，d=0.05］，测试4［t（31）=0.36，p=0.72，d=0.11］；在真实消极反馈条件下，测试2的预测成绩与真实成绩有显著差异，测试2［t（31）=2.22，p=0.03，d=0.55］，测试3和测试4的预测成绩与真实成绩无显著差异：测试3［t（31）=0.11，p=0.91，d=0.04］，测试4［t（31）=−0.78，p=0.44，d=0.15］（见图7－7）。

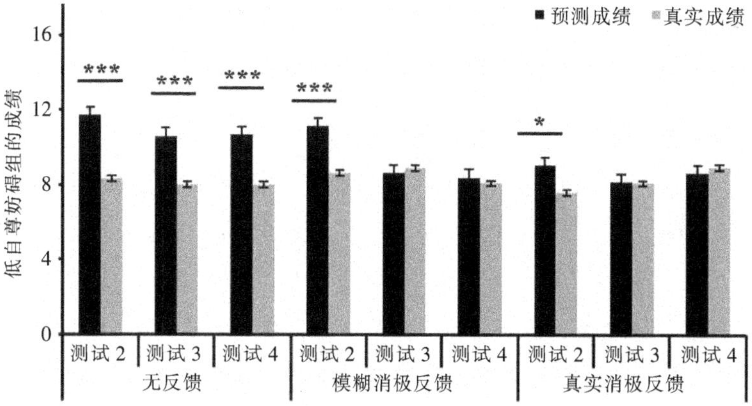

图 7-7　低自尊妨碍组预测成绩与真实成绩的比较图

3. 高自尊无妨碍组预测成绩与真实成绩的组内比较

配对样本 T 检验结果表明，在无反馈条件下，测试 2、测试 3 和测试 4 的预测成绩显著高于真实成绩：测试 2 [t（41）=9.70，$p<0.001$，d=2.03]，测试 3 [t（41）=7.41，$p<0.001$，d=1.62]，测试 4 [t（41）=5.19，$p<0.001$，d=1.33]；在模糊消极反馈条件下，测试 2、测试 3 和测试 4 的预测成绩显著高于真实成绩：测试 2 [t（41）=6.40，$p<0.001$，d=1.64]，测试 3 [t（41）=3.16，$p=0.003$，d=0.79]，测试 4 [t（41）=2.32，$p=0.03$，d=0.60]；在真实消极反馈条件下，测试 2 的预测成绩显著高于真实成绩：测试 2 [t（41）=3.77，$p=0.001$，d=0.86]，测试 3 和测试 4 的预测成绩与真实成绩无显著差异：测试 3 [t（41）=1.52，$p=0.14$，d=0.39]，测试 4 [t（41）=0.90，$p=0.37$，d=0.19]（见图 7-8）。

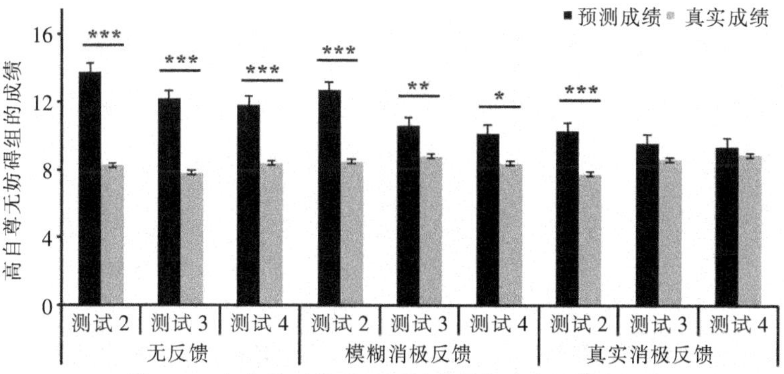

图 7-8　高自尊无妨碍组预测成绩与真实成绩的比较图

4. 低自尊无妨碍组预测成绩与真实成绩的组内比较

配对样本 T 检验结果表明，在无反馈条件下，测试 2、测试 3 和测试 4 的预测成绩显著高于真实成绩：测试 2 [t（42）$=8.57$，$p<0.001$，$d=1.95$]，测试 3 [t（42）$=7.42$，$p<0.001$，$d=1.56$]，测试 4 [t（42）$=5.28$，$p<0.001$，$d=1.04$]；在模糊消极反馈条件下，测试 2 的预测成绩与真实成绩有显著差异，测试 2 [t（42）$=6.30$，$p<0.001$，$d=1.15$]，测试 3 的预测成绩与真实成绩差异显著，测试 3 [t（42）$=2.20$，$p=0.03$，$d=0.47$]，测试 4 的预测成绩与真实成绩无显著差异，测试 4 [t（42）$=1.90$，$p=0.06$，$d=0.32$]；在真实消极反馈条件下，测试 2 的预测成绩与真实成绩有显著差异，测试 2 [t（42）$=4.02$，$p<0.001$，$d=0.66$]，测试 3 和测试 4 的预测成绩与真实成绩无显著差异：测试 3 [t（42）$=-0.54$，$p=0.59$，$d=-0.11$]，测试 4 [t（42）$=-1.46$，$p=0.15$，$d=-0.32$]（见图 7－9）。

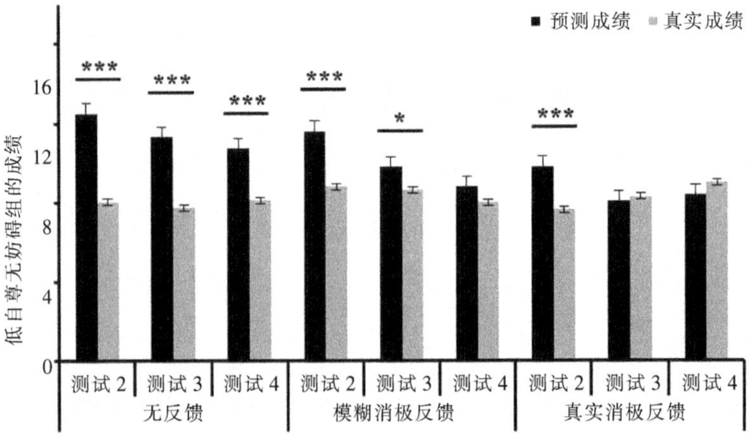

图 7–9　低自尊无妨碍组预测成绩与真实成绩的比较图

五、讨论

（一）作弊妨碍对不同自尊水平者作弊行为与积极信念建立的影响

实验 7 旨在考察消极反馈与作弊妨碍对不同自尊水平者自我欺骗消退的影响。测试 1 旨在考察高、低自尊水平者在作弊妨碍下，作弊行为和对自我成绩积极信念建立的差异。测试1结果发现，妨碍组被试的估计成绩和真实成绩显著低于无妨碍组，这说明我们设定的作弊妨碍有效地减少了作弊行为和对自我成绩积极信念的建立。结果还发现，在妨碍和无妨碍条件下，高、低自尊者的预测成绩和真实成绩都无显著差异，结果不符合我们之前的假设，这可能是由于作弊行为和积极信念的建立不受个体自尊水平的影响。以往的一些研究结果也支持这个发现，如果个体有机会不诚实，人们在一定程度上是会不诚实的，这并不会迫使他们更新自我概念，个体会把不诚实行为控制在自我概念合理的范围内（Mazar et al.，2008）。

（二）作弊妨碍对不同自尊水平者自我欺骗行为的影响

实验7通过测试2来考察作弊妨碍对不同自尊水平者自我欺骗行为的影响。四组被试成绩的组内比较结果发现，三种反馈条件下，妨碍组和无妨碍组中，高、低自尊水平者被试的预测成绩均显著高于真实成绩。这个结果表明，4组被试在测试2中均发生了自我欺骗。自我欺骗在消极反馈条件下的测试3和测试4中逐渐消退，但是在真实消极反馈条件下，测试1中的答案提示再次出现时，测试2中高、低自尊者的自我欺骗又快速恢复。个体重新获得作弊的机会，自我欺骗又会重新恢复。妨碍组被试的预测成绩显著低于无妨碍组，且两组被试的真实成绩无显著差异，结果表明作弊妨碍有效地减少了自我欺骗。这个结果与实验6的结果一致，即作弊妨碍通过削弱作弊行为和积极信念来减少自我欺骗的发生。

另外，结果还发现，三种反馈条件下，妨碍组中的高、低自尊者的预测成绩无显著差异，而无妨碍组被试在无反馈条件和模糊消极反馈条件下，高自尊被试的预测成绩显著高于低自尊被试。高、低自尊水平被试在真实消极反馈条件下的预测成绩无显著差异，而无反馈条件下和模糊消极反馈条件下的自我欺骗显著高于真实消极反馈条件下的自我欺骗，结果部分支持我们之前的假设。从这些结果可以看出，高自尊个体只有在有利于自我欺骗发生的条件下（无妨碍、无反馈和模糊消极反馈）才有更高的自我欺骗，这说明自尊水平与自我欺骗呈一定的正相关。以往的一些研究发现也支持这一结果，自尊与自我欺骗呈正相关（Paglione，2010；Robins et al.，2001；蒲小波，2009）。但这种相关性在无作弊妨碍条件下显著，而在作弊妨碍条件下并不显著，说明这种相关性在有利于自我欺骗发生的条件下更明显。

（三）消极反馈与作弊妨碍下不同自尊水平者自我欺骗的消退

实验 7 在测试 3 和测试 4 之前，给被试提供不同的消极反馈，来考察不同消极反馈条件下，作弊妨碍对不同自尊水平者自我欺骗消退的影响。结果发现，测试 3 中，妨碍组被试的预测成绩显著低于无妨碍组，测试 4 中，两组预测成绩无显著差异，两组在测试 3 和测试 4 中的真实成绩无显著差异。这些结果表明，作弊妨碍都能有效地促进自我欺骗的消退。另外，测试 3 中，无反馈条件和模糊消极反馈条件下的预测成绩显著高于真实消极反馈条件下的预测成绩，模糊消极反馈条件下的预测成绩显著高于真实消极反馈条件下的预测成绩；测试 4 中，无反馈条件下，被试的预测成绩显著高于模糊消极反馈条件和真实消极反馈条件下的预测成绩；模糊消极反馈条件下，被试的预测成绩与真实消极反馈条件下的预测成绩无显著差异。这些结果说明，真实消极反馈比模糊消极反馈更能促进自我欺骗的消退。

组内比较的结果发现，妨碍组中高、低自尊者在模糊消极反馈和真实消极反馈条件下（测试 3 和测试 4 中），自我欺骗消退，其预测成绩和真实成绩无显著差异。无妨碍组中，在模糊消极反馈下，高自尊被试在测试 3 和测试 4 中的预测成绩与真实成绩差异显著，而低自尊者只在测试 3 中的预测成绩与真实成绩差异显著；在真实消极反馈条件下，高、低自尊被试在测试 3 和测试 4 中的预测成绩与真实成绩无显著差异。这些结果进一步说明，作弊妨碍在消极反馈条件下加速了自我欺骗的消退；在作弊妨碍下，自我欺骗受自尊影响不显著，在无作弊妨碍下，高自尊者的自我欺骗的消退要慢于低自尊者。

结果还发现，测试 3 和测试 4 的自尊类型的主效应均显著。无妨碍组被试在测试 3 中，真实消极反馈条件下的高自尊被试的预测成绩显著高于低自尊被试的预测成绩；测试 4 中，模糊消极反馈和真实消极反馈条件下的高自尊被试的预测成绩显著高于低自尊被试的预测成绩；妨碍组被试在三种反馈条件下，高低自尊组被试的预测成绩没有显著差异。这个结果表明高自尊个体只有在有利于自我欺骗发生的无妨碍条件下，才有着更高的自我欺骗。在这种条件下，高自尊被试的自我欺骗消退要慢于低自尊被试。自我一致性理论认为，人们有动机对自己保持一致的态度，低自尊的人比高自尊的人更容易接受消极反馈（Audia & Locke，2003），在经历了两次消极反馈后，低自尊个体更容易发生信念和行为的改变。而高自尊者有着高自我的评价，在面对消极反馈时，自尊启动自我防御机制，来维护自我的积极信念，也就说当面对明确的失败时，自尊才是最好的防御，而不是自我欺骗（Johnson et al.，1997）。

（四）自我欺骗的消退对真实成绩的影响

组间比较的自我欺骗的测量中，组间比较的预测成绩的显著差异是测量自我欺骗发生的一个维度，还有一个维度是组间比较的真实成绩无显著差异。实验结果发现，测试 2、3、4 组间比较的真实成绩均无显著差异，这说明我们采用的实验材料能够有效地测量自我欺骗。但值得注意的是，真实成绩在组内不同反馈条件下有着显著差异。实验结果发现：测试 2 中，模糊消极反馈条件下的真实成绩显著高于真实消极反馈条件下的真实成绩；无反馈条件下，被试的真实成绩与模糊消极反馈条件下和真实消极反馈条件下的真实成绩无显著差异；测试 3 中，模糊消极反馈条件和真实消极反馈条件下，被试的真实成绩显著高于无反馈条件下的真实成绩，模糊消极反馈条件下的真实成绩与真实消极反馈条件下的真实成绩无显著差异；测试 4 中，真实消极反馈条件下被试的真实成绩显著高于无反馈、消极反馈和模糊消极反馈条件下被试的真实成绩，无反馈条件下被试的真实成绩与模糊消极反馈条件下的被试真实成绩无显著差异。这些结果表明在消极反馈后，伴随着自我欺骗的逐渐消退，被试在测试 3 和测试 4 中，真实反馈条件下的真实成绩逐渐高于无反馈条件和模糊消极反馈。这说明被试在自我欺骗消退后，有更好的成绩表现，这与之前的实验 4、5、6 的真实成绩结果一致。结果证明，自我欺骗与实际问题解决或者测试成绩有着负相关（Johnson et al.，1997）。个体会在消极反馈后付出更多的努力，来提高自己的成绩（Duijnhouwer et al.，2012；Fong et al.，2018）。尽管消极反馈本身包含一种可能令人不愉快的信息，但消极反馈信息最终可能会使个体从中受益（Audia & Locke，2003）。自我欺骗似乎利用了一种不适应特性的应对策略，这种特性在威胁情境下会导致解决问题的效率下降。这些结果符合

Johnson（1995，1997）的发现，即在真实消极反馈条件下，自我欺骗消失后，个体会有着更好的真实成绩。总之，研究结果进一步支持：自我欺骗会削弱个体在受到威胁后做出有效反应的能力，自我欺骗的消退最终会让个体从中受益。

第八章　总结与启示

第一节　总结

一、改进实验材料后，前瞻性范式的有效性

为了改善和推进自我欺骗研究的实验方法，本研究改进了前瞻性范式中的实验材料，通过设计能在计算机上进行的实验，验证了前瞻性范式在我国被试中的有效性。实验1至实验4中，无反馈条件下，相比控制组，答案组被试测试1的估计成绩和真实成绩更高，测试2的预测成绩也更高。这说明测试1中，答案提示诱发答案组被试作弊取得好的成绩，并建立积极的信念（这种测试中，我能取得好成绩），即便有答案提示这个相反的消极证据，人们还是会忽视这种消极证据，坚信自己未来有着好的成绩，这些结果符合Chance等人（2011）的研究。本研究开创性地将前瞻性范式中的实验材料改进为“点估计”实验材料，验证了“点估计”材料对我国被试或更为普遍被试的适用

性。据我们了解，这是首次采用在计算机上实验的方式，来进行前瞻性范式的应用研究，我们的研究结果丰富并推进了自我欺骗研究的实验方法，也期待这种实验方法的改进，能够为之后对自我欺骗的行为和神经机制的研究提供实验基础。

人们出于从他人那里获得回报利益的动机，通过自我欺骗来提升自我形象，从而将这种积极的形象传递给他人（Haub，2011）。自我欺骗会受到回报利益动机的影响，实验 4 设置了金钱奖赏，结果证明，相比无金钱奖赏下的实验 3，金钱奖赏下的实验 4 延长了模糊反馈条件下自我欺骗消退的时间，尽管金钱奖赏不是提高作弊和自我欺骗所必需的（Chance et al.，2011）。在金钱奖赏下的前瞻性范式中，实验 4 的结果表明，组内比较和组间比较下观测到的自我欺骗行为基本一致。因此，本研究也为明确金钱奖赏在前瞻性实验范式中的作用提供了行为依据。

二、消极反馈消退自我欺骗的机制

自我欺骗是个体面对相反的证据时，仍会坚持的一种积极信念。根据信念调整理论，这种积极信念可以被不一致信念来改变（Johnson - Laird et al.，2004），可以通过消极反馈的消极信念来进行调整或者逐渐消退。自我欺骗通常发生在无意识下，在自然状态下，个体通过自我认知来监控自我欺骗，或者通过从他人处获得消极反馈来减少自我欺骗，都是非常困难的（Audia & Locke，2003）。因此，自我欺骗发生前和发生后，来自他人的消极反馈干预，对于自我欺骗的消退是非常重要的。在自我欺骗发生之前，实验 2 在测试 1 后提供消极反馈给被试，结果发现被试降低了测试 1 的估计成绩，减少了预测成绩，结果表明消极反馈通过影响测试 1 中的积极信念来消退自我欺骗。在自我欺骗发生后，实验 3 至实验 7 在测试 2 以后提供消极反馈给被试，并通过 2 次反馈和 4 次测试来考察自我欺骗的消退。结果发现，自我欺骗没有在消极反馈后立即消退，而是在多次重复的反馈后，随着时间推进而逐渐消退。实验结果符合信念调整理论，个体当面对不一致信息时，不是完全地修改原来的信念，而是对强度进行重新调整（Johnson - Laird et al.，2004），信念调整的过程不是全部颠覆的过程，而是信念强度调整的过程（Politzer & Carles，2001）。

实验1至实验4的结果发现，控制组被试在没有答案提示的情况下，测试2的预测成绩显著高于真实成绩，但是在消极反馈的影响下，这种过高预测会快速消失。这说明大多数个体通常会夸大自己现有的特质，会对自己的智力、亲和力、能力甚至道德等进行积极评价（Alicke, 1985; Taylor & Brown, 1988），这种积极信念不是自我欺骗。自我欺骗是为了某个动机，在面对相反的证据时还维护一个积极的自我信念（Greenwald, 1980; Sedikides & Strube, 1997），只有当面对相反信息时还依旧坚持积极的自我信念与评价，才是自我欺骗。

自我欺骗的消退也受到了不同消极反馈的影响，即真实消极反馈条件或模糊消极反馈条件影响自我欺骗的消退。实验4至实验7的结果证明，模糊消极反馈条件下的预测成绩显著高于真实消极反馈条件下的预测成绩，真实消极反馈比模糊消极反馈更能有效地削弱自我欺骗的发生，并能促进自我欺骗的消退。此研究结果符合Sloman等人（2010）的自我欺骗发生依赖模糊条件的理论。人们通过内在原因及行为表征的不确定性来进行自我欺骗（Fernbach, 2014），在模糊消极反馈条件下，个体对行为评价不确定时，个体容易坚持积极的信念来发生自我欺骗。前人的研究发现（Chance et al., 2015; Tang et al., 2018），真实反馈很难或者需要通过多次反馈后才能减少自我欺骗到控制组的水平，我们的研究结果同样支持此类结果。不同的是，本研究通过提供被试一次真实消极反馈，就促进了被试自我欺骗的消退。结果的不同，可能是由于我们的实验设定的消极反馈为被试内变量，组内真实消极反馈下的自我欺骗受到之前模糊消极反馈条件的影响。

竞争情境促进不同消极反馈条件下自我欺骗的消退。实验5提供给被试更多利益回报的机会，采用金钱奖励的竞争情境来考察消极反馈条件下自我欺骗的消退变化。结果发现，两组被试的估计成绩和真实成绩无显著差异；相比无竞争情境，竞争情境下的被试对后面的测试有着更低的预测成绩。这些结果说明竞争情境下的金钱奖励不能影响被试的作弊行为和积极信念的建立，但是却能够促进自我欺骗的消退。在竞争情境中，被试可以通过发生不诚实的作弊行为，有机会获得更多的金钱，但是被试遵守内在的诚实标准，并没有发生更多的作弊行为，我们的结果符合自我概念维护理论（Mazar et al., 2008），人们为了避免自我的消极信号，把作弊行为控制在一个合理的范围。高自我意识与低自我欺骗有着正相关（Lynn，Pipitone，& Keenan，2014），这种消极反馈和竞争情境可能提高了被试对真实行为和作弊行为的意识，来减少自我欺骗中的积极信念。有研究发现金钱可以减少面子说谎（Dana et al.，2004），个体可能在金钱有损的情境下，更容易直面自己的内心而减少对自我的谎言，即减少自我欺骗的发生。

三、作弊妨碍促进自我欺骗消退：欺骗与自我欺骗共生机制的视角

自我欺骗的目的是为了更有效地欺骗他人（Lynn，Pipitone，& Keenan，2014；Trivers，1985；Trivers，2000；Turk，2012；Hippel & Trivers，2011；陆慧菁，2012），欺骗也成为自我欺骗的手段（Dings，2017），欺骗与自我欺骗就如同一枚硬币的正反面（Turk，2012），彼此共生。实验1至实验7均采用的前瞻性范式，正是在符合欺骗和自我欺骗共生关系逻辑下进行的实验范式，通过让被试有机会作弊取得好成绩，来诱发被试产生自我欺骗。实验结果均发现，作弊可以建立自我积极信念，从而成功地诱发自我欺骗。作弊是用欺骗的方式做违法乱纪或不合规定的事情，也就是说作弊就是一种欺骗行为（胡绍元等人，2006）。由此，我们可以推论欺骗与自我欺骗的共生关系，即自我欺骗有利于欺骗他人，欺骗他人也可以促使自我欺骗。人们普遍会认为，作弊这种不道德的行为会使自己感觉比较糟糕，也就是说如果有能力可以得到理想的成绩，就不需要作弊。而实际上，当自我欺骗出现时，道德感就会褪色（Tenbrunsel & Messick，2004）。自我欺骗减少个体因不道德行为而引起的认知失调（Lauria et al.，2016），自我欺骗被当作一种策略来处理自身利益与道德标准之间的冲突（Batson et al.，1999；Tang et al.，2018），即便无意识地认为这是一种不道德行为，意识中也会合理化这种不道德行为。人们往往把注意力集中在作弊的积极结果上，导致忽视了这种作弊行为中令人讨厌的过程而去维护一个自我的积极信念，从而发生自我欺骗的行为。

基于欺骗与自我欺骗的共生关系，自我欺骗的消退不仅可能来自于自我欺骗发生后的自我行为认知和他人对自我欺骗发生前、后行为的干预，也会来自于他人或者组织对个体自我欺骗发生前不道德行为的干预。因此，实验6和实

验 7 设置了作弊妨碍，即不提供被试直接的答案提示，需被试主动按键看答案进行作弊。通过妨碍作弊的不道德行为，来考察消极反馈条件下自我欺骗的消退。实验结果发现，三种反馈条件下，妨碍组被试的估计成绩和真实成绩均显著低于无妨碍组。在无反馈条件下的 3 次测试中，以及在模糊消极反馈条件下的测试 2 中，妨碍组被试的预测成绩显著低于无妨碍组。这些结果说明，作弊妨碍可以有效地减少作弊行为和对自我成绩积极信念的建立，从而削弱自我欺骗，促进消极反馈条件下的自我欺骗消退。这可能是由于作弊妨碍增强了个体对不道德行为的意识，来减少自我欺骗的发生。自我概念维护理论认为，当人们在诚实的标准上付出更多关注时，人们为了维护一个积极的自我概念，不诚实的行为就会减少（Mazar et al.，2008）。作弊妨碍可以让个体关注到自己的作弊行为，从而削弱作弊行为来减少自我的积极信念，并消退自我欺骗。即便实验 6 提供被试可以获得更多金钱的机会，个体也并没有增加作弊行为。为了维护一个诚实的自我价值信念，遵从内在的价值标准和内在的奖赏，个体会把作弊行为控制在一个自我认知合理的范围内。当人们觉得欺骗是容易的、舒服的，人们就不会觉得自己是在主动欺骗（Mazar et al.，2008）。通过设置作弊妨碍提高作弊难度，个体会增加自我作弊行为的意识，为了维护自我诚实的价值标准来减少作弊行为。如果个体不需要维护自我道德标准或没有自我道德标准，那么个体会选择直接欺骗他人，也就无需自我欺骗。个体会把欺骗控制在合理化的范围以内，通过自我欺骗来忽视欺骗的不道德行为，以此维护自我的积极信念。因此，可以通过建立个体道德标准信念和对不道德行为的干预，来提高个体不道德行为意识，以此促进个体自我欺骗的消退。

实验 7 的研究结果发现，在消极反馈条件下，妨碍组被试的作弊行为、积极信念的建立和自我欺骗的消退不受自尊的影响。如果有机会不诚实，个体在一定程度上是不诚实的，但会把不诚实行为控制在自我概念合理的范围内（Mazar et al.，2008），如王英芊等人（2014）的研究表明说谎行为不受自尊的调节。实验 7 的结果还发现，在无作弊障碍且消极反馈条件下，自尊与自我欺骗呈正相关，且高自尊水平者的自我欺骗的消退要慢于低自尊者。自我一致性理论认为，人们有动机对自己保持一致的态度，低自尊的人比高自尊的人更容易接受消极反馈（Audia & Locke，2003），威胁性信息可能造成个体自尊降低（钟毅平等人，2014），低自尊个体更容易发生信念和行为的改变。相对而言，高自尊者有着高自我的评价（钟毅平等人，2014），无作弊障碍的被试面对消极反馈时，个体的自尊会启动自我防御机制来维护自我的积极信念，高自尊的个体在消极反馈条件下的自我欺骗消退更慢。

基于进化心理学理论，本研究把个体内视角的自我欺骗研究，拓展到人际间的视角，通过在实验中设置作弊妨碍，验证了不道德行为干预可以有效消退自我欺骗。本研究首次系统探究了消极反馈条件下，作弊妨碍对个体自我欺骗消退的影响，并考察在这些条件下，不同自尊水平者的个体差异。研究结果表明，作弊妨碍可以有效地减少作弊行为和对自我成绩积极信念的建立，从而削弱自我欺骗，促进消极反馈条件下自我欺骗的消退，在此行为证据的基础上，本研究揭示了欺骗与自我欺骗可能存在的共生关系，这为欺骗与自我欺骗的进化学理论提供了新的理论视角。

四、自我欺骗消退中个体的受益

短期来看，自我欺骗对个体是有益的，但是从长远来看，自我欺骗将使个体付出高昂的代价（Lauria et al.，2016）。自我欺骗的积极作用是短暂的，长期的自我欺骗有着消极作用，会造成个体高昂的损失甚至引发社会的灾难。实验4至实验7中真实成绩的结果表明，在测试3和测试4之前给被试提供消极反馈后，伴随着自我欺骗的逐渐消退，真实反馈条件下，被试的真实成绩逐渐高于无反馈条件下和模糊消极反馈条件下的真实成绩。结果表明，个体在自我欺骗消退后，有更好的成绩表现。Johnson（1995，1997）的研究也有着同样的发现，自我欺骗与实际问题的解决或测试成绩有着负相关。个体会在消极反馈后会付出更多的努力，来提高自己的成绩（Duijnhouwer et al.，2012；Fong et al.，2018），尽管消极反馈本身可能包含一种令人不愉快的信息，但消极反馈信息可能最终会使个体从中受益（Audia & Locke，2003）。自我欺骗似乎利用了一种不适应特性的应对策略，这种特性在威胁情境下，会导致解决问题的效率下降。总之，我们的研究结果进一步支持：自我欺骗会削弱个体在受到威胁后做出有效反应的能力，自我欺骗的消退最终会让个体和社会从中受益。

五、自我欺骗消退的条件模型构建

本研究系统地考察了不同消极反馈（模糊消极反馈、真实消极反馈）、作弊妨碍、自尊等因素对自我欺骗消退的影响。图 8－1 是根据本研究成果构建的自我欺骗消退的条件模型，整体展示各因素在自我欺骗消退中的作用。积极信念是该模型中的核心概念，两个外部变量（消极反馈和作弊妨碍）和一个内部变量（自尊）通过影响个体的积极信念，来消退自我欺骗。个体通过作弊获得好的成绩来建立自我的积极信念（我能力比较强），从而发生自我欺骗，高估自己未来的预测成绩。根据信念调整理论，消极反馈通过削弱个体的积极信念来减少估计成绩，并降低预测成绩，从而促进自我欺骗的消退。依据欺骗与自我欺骗的共生关系，作弊妨碍通过减少作弊行为，影响自我积极信念的建立，来促进自我欺骗的消退。相比低自尊个体，高自尊个体有着高的积极信念，因此高自尊个体的自我欺骗消退要慢于低自尊个体。

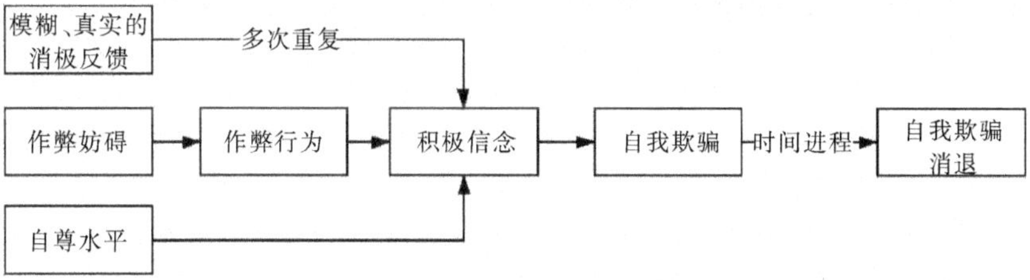

图 8-1　自我欺骗的消退模型

六、理论贡献

本研究系统地考察了不同消极反馈（模糊消极反馈、真实消极反馈）、作弊妨碍、自尊等因素对自我欺骗消退的影响，并构建了自我欺骗消退的条件模型，揭示了消极反馈和作弊妨碍对自我欺骗消退的作用机制。

（1）本研究开创性地将前瞻性范式中的实验材料改进为“点估计”实验材料，验证了“点估计”材料对我国被试或更为普遍的被试的适用性。据我们了解，这是首次采用在计算机上实验的方式，来进行前瞻性范式的应用研究，我们的研究成果丰富并推进了自我欺骗研究的实验方法，也期待这种实验方法的改进，能够为之后自我欺骗的行为和神经机制的研究提供实验基础。另外，在研究实验中，还考察了金钱奖赏这个因素，这为金钱奖赏在前瞻性实验范式中的作用提供了行为依据。

（2）从信念调整理论的视角提出了通过消极反馈来削弱自我欺骗这一新途径，并设计相关的实验进行了验证，这为削弱个体的自我欺骗提供了理论依据。以信念调整理论和自我欺骗的模糊理论为依据，系统地探究了自我欺骗在不同模糊程度的消极反馈（无反馈、模糊消极反馈和真实消极反馈）条件下，在时间进程中消退存在的差异。这些实验研究弥补了以往研究者只单独考察模糊反馈或真实反馈条件的不足，为推进自我欺骗消退的研究提供了新视角，为消退自我欺骗提供了更为深入的理论依据和行为证据。

（3）基于进化心理学理论，本研究把个体内视角的自我欺骗研究拓展到人际间的视角，通过在实验中设置作弊妨碍，验证了不道德行为干预可以有效消退自我欺骗。本研究首次系统探究了消极反馈条件下，作弊妨碍对个体自我欺骗消退的影响，并考察了这些条件下不同自尊水平者的个体差异。研究结果表明，作弊妨碍可以有效地减少作弊行为和对自我成绩积极信念的建立，从而削弱自我欺骗，促进自我欺骗的消退。在此行为证据的基础上，本研究揭示了欺骗与自我欺骗可能存在的共生关系，这为欺骗与自我欺骗的进化学理论提供了新的理论。

（4）本研究发现个体在自我欺骗消退后，有着更好的成绩表现，个体会从自我欺骗消退中受益。这为自我欺骗消退对个体长远发展有积极作用提供了直接的行为证据。

（5）本研究系统地考察了不同消极反馈（无反馈、模糊消极反馈、真实消极反馈）、作弊妨碍、自尊等因素对自我欺骗消退的影响，厘清了各个变量的作用机制，构建了自我欺骗消退的条件模型。

七、不足与展望

本研究仍然有不足之处，需要在未来的研究中继续完善。

首先，本研究的对象限于大学生，大学生的价值观正在逐渐形成中，没有稳定的人格特质，研究结果可能难以直接推广至更大的群体。因此，未来的研究可以考察不同群体的自我欺骗消退是否存在差异。

其次，本研究只能对普遍存在的有着积极信念的自我欺骗进行解释，不能解释和考察更为广泛的自我欺骗，如相信那些与自我消极相关（Leeuwen，2007；Mele，2001）的扭曲（twisted self - deception）的自我欺骗。在实际自我与应该自我之间存在不一致时，个体会产生与焦虑相关的诸如害怕、烦躁、忧虑等情绪（钟毅平，1999），我们的研究没有考察消极反馈在自我欺骗消退的过程中是如何影响个体情绪的，这有待进一步探究。

最后，本研究基于欺骗与自我欺骗的共生关系，通过作弊妨碍来促进自我欺骗的消退，但是作弊行为只是欺骗的一种形式，研究结果有待在其他欺骗形式中进一步验证。另外，本研究通过自我意识与自我欺骗的关系，来解释作弊妨碍与竞争情境是如何减少自我欺骗的，但是在本研究中未测量自我意识这一因素，未来的研究可以考察自我意识在自我欺骗消退中的作用。

八、结论

本研究采用“点估计”实验材料的前瞻性范式，进行了 2 个章节、7 个行为实验，通过考察了不同消极反馈（模糊消极反馈、真实消极反馈）、作弊妨碍、自尊等因素对自我欺骗消退的影响，揭示了消极反馈和作弊妨碍对自我欺骗消退的作用机制，得出以下结论：

（1）应用“点估计”实验材料的前瞻性范式，可以有效地诱发个体发生自我欺骗。实验操作中，虽然金钱奖赏不是自我欺骗所必需的，但它能延长自我欺骗消退的时间。

（2）消极反馈通过调整个体积极信念来减少自我欺骗的发生；在自我欺骗发生前和发生后，提供给个体消极反馈，均会削弱个体积极信念的建立，并减少自我欺骗的发生；自我欺骗不会在消极反馈后立即消退，而是在多次重复的反馈后，随着时间的推移而逐渐消退。

（3）模糊消极反馈能有效地减少自我欺骗的发生，真实消极反馈比模糊消极反馈更能有效地削弱个体自我欺骗的发生，并能促进自我欺骗的消退。

（4）作弊妨碍通过削弱个体的作弊行为和积极信念的建立，提高自我作弊行为的意识，来减少自我欺骗的发生；消极反馈条件下的作弊妨碍更能有效地消退个体的自我欺骗。

（5）高自尊个体只有在有利于自我欺骗发生的无作弊妨碍条件下，有着更高的自我欺骗，在这种条件下的高自尊者的自我欺骗消退要慢于低自尊个体。

（6）个体在自我欺骗消退后，有更好的成绩表现，个体会从自我欺骗消退中受益。

第二节　启示

短期来看，自我欺骗对个体是有益的，但是从长远来看，自我欺骗将使个体付出高昂的代价（Lauria et al.，2016）。消退这种代价高昂的自我欺骗，不仅有助于个体和组织更好地监控自我和他人的自我欺骗行为，而且能进一步减轻自我欺骗对个体和社会的危害。自我欺骗通常发生在无意识状态下，认识到自我欺骗是困难的。因此，本研究主要从消极反馈的行为反馈干预和作弊妨碍的不道德行为干预两个途径，来促进自我欺骗的消退，使个体可以在自我欺骗的消退中受益，研究结果对个体或者社会应对自我欺骗的消极作用有着如下启示。

一、不真实或真实的积极信念可用来区分自我欺骗与健康积极心理

以往的研究发现，自我欺骗对个体心理健康有促进作用。自我欺骗在减少个体焦虑症状方面起到了一定的作用（Sheridan et al.，2015），低自杀风险的重要应对机制（Pompili et al.，2011），个体通过避免威胁和消极信息来保护自己免受威胁或遭遇不适（Jopling，1996），通过处理信息的手段来促使个体免于焦虑（McKay et al.，2007），使大脑具备通过扭曲意识来减少焦虑的能力（Foster，1985）。另外，自我欺骗被应用于心理健康的干预治疗，使患者病情逐渐减轻，直至狂躁症行为消失（汤启萍，2014），自我欺骗是癌症晚期病人维护信念系统的自我防御机制，并有着比接受现实更少的努力和认知负荷（Echarte et al.，2016）。因此，自我欺骗被视为心理健康（Sheridan et al.，

2015）的重要组成部分，自我欺骗也被认为是一种获得心理健康和幸福感的策略（Erez et al.，1995）。

我们认为自我欺骗是尽管在面对相反的证据时，个体仍会坚持自我的一种积极信念。在生活中，人们常把积极信念都视为自我欺骗，这是不准确的，只有当面对相反信息时还依旧坚持积极的自我信念与评价，才是自我欺骗。自我欺骗中的积极信念与人们所提倡的健康的积极信念还有着本质的区别，即不真实或者真实的积极信念，自我欺骗中的积极信念指代的是那些“不真实的积极信念”。看待一个事件的发生，都有着积极和消极的视角。Taylor 和 Brown（1994）的研究表明，对现实的感觉偏向于积极的个体心理会更健康。那些真实的积极偏向的个体，才会重塑个体自信，应对挫折和逆境，进而拥有健康、积极的心理。

“不真实的积极信念”的自我欺骗，虽然短时间内会让个体受益，但是长期来说不利于个体和社会的发展，所以适度自我欺骗才能有利于个体而不影响其发展。即便有研究者 Taylor（1988）对“真实认识自我对心理健康至关重要”的观点提出质疑，过于真实的自我认识被认为是心理上的适应性不良（Jopling，1996），我们认为造就心理上的适应性不良不是真实的自我认知，而是那些以消极偏向的真实认知，这给自我欺骗以发生的机会。自我欺骗的个体拥有“不真实的积极信念”去应对这种适应性不良，来适应环境。如果个体拥有对真实积极信念的认知能力，在促进自我心理健康的同时，自我欺骗也就不会发生。但是这种对真实的准确认知，有着一定的难度，这需要个体拥有自我认知的能力。

二、自知者明，旁观者清：珍视那些来源于自我和他人反馈的真实信念

自我欺骗是尽管在面对相反的证据时，个体仍会坚持自我的一种积极信念。这是一种不真实且扭曲的积极信念，与那些真实且健康的积极信念不同，区别的本质在于积极信念的真实性。那些真实的积极信念就不是自我欺骗，而是健康的积极心理。我们的研究表明，模糊消极反馈能有效地减少自我欺骗的发生，真实消极反馈比模糊消极反馈更能有效地削弱自我欺骗的发生，并能促进自我欺骗的消退。个体可以通过对自我行为的觉察和内省，接纳他人真实的

评价，影响个体不真实的积极信念，逐渐对自己有着真实的认知，避免模糊认知，才能消退自我欺骗。对个体而言，消极反馈主要来源于自我和他人反馈，这需要个体所在的组织和群体能够给予个体真实反馈，才能减少自我欺骗的发生，这种重复多次的真实反馈能消退个体的自我欺骗。在自然状态下，个体通过他人获得消极反馈是困难的，因为消极反馈本身可能包含一种令人不愉快的信息，但消极反馈信息最终会使个体从中受益（Audia & Locke，2003），所以个体也应该珍视那些来源于自我和他人反馈的真实信念。

三、不道德行为干预和社会的道德信念标准可促进自我欺骗的消退

我们的研究表明，作弊妨碍提高了个体作弊的难度，如果个体作弊，这将提高个体不道德的行为意识。由于个体遵守社会的道德信念标准和内在的奖赏，会让欺骗发生在自我认知合理的范围内，进而减少作弊行为和积极信念的建立，来促进自我欺骗的消退。因此，社会通过塑造个体的道德价值标准，通过对道德行为的干预来提高不道德行为意识，能有效地促进自我欺骗的消退。

四、辩证审视自我欺骗的消退

长期的自我欺骗会对个体和社会有着消极作用，自我欺骗的消退有利于个体的长期发展。但是，这并不意味着我们需要在任何时候都应该消退自我欺骗来促进个体发展，辩证审视自我欺骗的消退也是非常重要的。短暂的自我欺骗也会使个体受益，如调节心理状态、提高幸福感和人际关系等；甚至有时短暂的自我欺骗是个体必需的。如在个体经历重大的疾苦、临终等负性事件时，通过自我欺骗去相信那些不真实的积极信念来摆脱精神痛苦，比接受真实信念来消退自我欺骗更为重要。

主要参考文献

Abe, N., Suzuki, M., Tsukiura, T., Mori, E., Yamaguchi, K., Itoh, M., & Fujii, T. (2006). Dissociable roles of prefrontal and anterior cingulate cortices in deception. *Cereb Cortex*, 16(2), 192 - 199. doi: 10.1093/cercor/bhi097.

Alicke, M. D. (1985). Global Self - Evaluation as Determined by the Desirability and Controllability of Trait Adjectives. *Journal of Personality & Social Psychology*, 49 (6), 1621 - 1630.

Alicke, M. D., Klotz, M. L., Breitenbecher, D. L., Yurak, T. J., & Vredenburg, D. S. (1995). Personal Contact, Individuation, and the Better - Than - Average Effect. *Journal of Personality & Social Psychology*, 68(5), 804 - 825.

Anderson, C., Ames, D. R., & Gosling, S. D. (2008). Punishing hubris: The perils of overestimating one's status in a group. *Personality and Social Psychology Bulletin*(34), 90 - 101.

Anderson, C., Brion, S., Moore, D. A., & Kennedy, J. A. (2012). A status - enhancement account of overconfidence. *Journal of Personality and Social Psychology*(103), 718 - 735.

Aquino, K., & Reed, A., II. (2002). The self - importance of moral identity. *Journal of Personality and Social Psychology*,83(6),1423 – 1440. https://doi.org/10.1037/0022 – 3514.83.6.1423.

Ariely,D. (2012). The(Honest)Truth About Dishonesty:How We Lie to Everyone – Especially Ourselves. Publishers Weekly,259(15),45.

Ashley,A. ,& Holtgraves,T. (2003). Repressors and memory:Effects of self – deception,impression management,and mood. *Journal of Research in Personality*,37(4),284 – 296. doi:10.1016/s0092 – 6566(02)00567 – 6.

Audi,R. (1988). Self – deception,rationalization,and reasons for acting. *McLaughlin,Brian P. (Ed);Rorty,Amélie Oksenberg(Ed)*,(1988). *Perspectives on self – deception. Topics in philosophy*,. 6. (1),92 – 120.

Audia,P. G. ,& Locke,E. A. (2003). Benefiting from negative feedback. *Human Resource Management Review*,13(4),631 – 646. doi:10.1016/j.hrmr.2003.11.006.

Babino,A. ,Makse,H. A. ,DiTella,R. ,& Sigman,M. (2018). Maintaining trust when agents can engage in self – deception. *Proceedings of the National Academy of Sciences of the United States of America*,115(35),8728 – 8733. https://doi.org/10.1073/pnas.1803438115.

Bachkirova,T. (2016). A new perspective on self – deception for applied purposes. *New Ideas in Psychology*,43,1 – 9. doi:10.1016/j.newideapsych.2016 – 02 – 04.

Batson,C. D. ,Thompson,E. R. ,Seuferling,G. ,Whitney,H. ,& Strongman,J. A. (1999). Moral hypocrisy:appearing moral to oneself without being so. *Journal of Personality & Social Psychology*,77(3),525 – 537.

Burson,K. A. ,Larrick,R. P. ,& Joshua,K. (2006). Skilled or unskilled,but still unaware of it:how perceptions of difficulty drive miscalibration in relative comparisons. *Journal of Personality & Social Psychology*,90(1),60 – 77.

Burson,K. A. ,Larrick,R. P. ,& Klayman,J. (2006). Skilled or unskilled,but still unaware of it:How perceptions of difficulty drive miscalibration in relative comparisons. *Journal of Personality & Social Psychology*,90(1),60 – 77.

Cartwright, E., & Menezes, M. L. C. (2014). Cheating to win: Dishonesty and the intensity of competition. *Economics Letters*, 122(1), 55 – 58. doi:10.1016/j.econlet.2013.10.16.

Caspi, A., & Gorsky, P. (2006). Online deception: prevalence, motivation, and emotion. *Cyberpsychol Behav*, 9(1), 54 – 59. doi:10.1089/cpb.2006.9.54.

Chaiken, S., & Trope, Y. (1999). *Dual – Process Theory in Social Psychology*: Guilford Press.

Chance, Norton, M. I., Gino, F., & Ariely, D. (2011). Temporal view of the costs and benefits of self – deception. *Proceedings of the National Academy of Sciences of the United States of America*, 108 *Suppl* 3, 15655 – 15659. doi: 10.1073/pnas.1010658108.

Chance, Z., & Norton, M. I. (2009). "I read Playboy for the articles": Justifying and rationalizing questionable preferences. *Working Papers——Harvard Business School Division of Research*, 1 – 22.

Chance, Z., & Norton, M. I. (2015). The what and why of self – deception. *Current Opinion in Psychology*, 6, 104 – 107. doi:10.1016/j.copsyc.2015.07.008.

Chance, Z., Gino, F., Norton, M. I., & Ariely, D. (2015). The slow decay and quick revival of self – deception. *Frontiers in Psychology* 6, 1075. doi:10.3389/fpsyg.2015.01075.

Chartrand, T. L., Dalton, A. N., & Fitzsimons, G. J. (2007). Nonconscious relationship reactance: When significant others prime opposing goals. *Journal of Experimental Social Psychology*, 43(5), 719 – 726.

Christian, M. S., & Ellis, A. P. J. (2011). Examining the effects of sleep deprivation on workplace deviance: A self – regulatory perspective. *Academy of Management Journal*, 54(5), 913 – 934.

Coates, S. L., Butler, L. T., & Berry, D. C. (2006). Implicit memory and consumer choice: the mediating role of brand familiarity. *Applied Cognitive Psychology*, 20 (20), 1101 – 1116.

Cross, K. P. (1977). Not Can, but Will College Teaching Be Improved? *New Direc-*

tions for Higher Education,1977(17),1 - 15.

Dana,J. D. ,Cain,D. M. ,& Dawes,R. M. (2004). What you don't Know Won't Hurt me: Costly(but quiet) Exit in a Dictator Game. *Social Science Electronic Publishing*,100(2),193 - 201.

Darley,J. M. (1992). Social Organization for the Production of Evil. *Psychological Inquiry*,3(2),199. doi:10.1207/s15327965pli0302_28.

Davis,P. J. ,& Schwartz,G. E. (1987). Repression and the inaccessibility of affective memories. *Journal of Personality and Social Psychology*,52(1),155 - 162. doi:10.1037/0022 - 3514.52.1.155.

Dawkins,R. (1976). The selfish gene. *Oxford University Press*,110(466),781 - 804 (724).

Denny,B. T. ,Kober,H. ,Wager,T. D. ,& Ochsner,K. N. (2012). A meta - analysis of functional neuroimaging studies of self - and other judgments reveals a spatial gradient for mentalizing in medial prefrontal cortex. *Journal of Cognitive Neuroscience*,24(8),1742 - 1752.

Depaulo,B. M. ,& Kashy,D. A. (1998). Everyday lies in close and casual relationships. *Journal of Personality & Social Psychology*,74(1),63 - 79.

Desai,N. ,Dalal,S. ,& Rawal,S. (2017). The Effects of Volunteerism on Self - Deception and Locus of Control. *Voluntas: International Journal of Voluntary and Nonprofit Organizations*,29(1),83 - 92. doi:10.1007/s11266 - 017 - 9857 - x.

Dings,R. (2017). Social strategies in self - deception. *New Ideas in Psychology*,47,16 - 23. doi:10.1016/j.newideapsych.2017.03.011.

Ditto,P. H. ,& Lopez,D. F. (1992). Motivated Skepticism: Use of Differential Decision Criteria for Preferred and Nonpreferred Conclusions. *Journal of Personality & Social Psychology*,63(4),568 - 584.

Dugatkin,L. A. ,& Druen,M. (2004). The social implications of winner and loser effects. *Proceedings. Biological Sciences*,271 *Suppl* 6,S488 - 489. doi:10.1098/rsbl.2004.0235.

Duijnhouwer, H. , Prins, F. J. , & Stokking, K. M. (2012). Feedback providing improvement strategies and reflection on feedback use: Effects on students' writing motivation, process, and performance. *Learning & Instruction*, 22(3), 171 - 184.

Dunning, D. , Leuenberger, A. , & Sherman, D. A. (1995). A new look at motivated inference: Are self - serving theories of success a product of motivational forces? *Journal of Personality and Social Psychology*, 69(1), 58.

Echarte, L. E. , Bernacer, J. , Larrivee, D. , Oron, J. V. , & Grijalba - Uche, M. (2016). Self - Deception in Terminal Patients: Belief System at Stake. *Frontiers in Psychology*, 7, 117. doi: 10.3389/fpsyg.2016.00117.

Epley, N. , & Whitchurch, E. (2008). Mirror, mirror on the wall: enhancement in self - recognition. *Pers Soc Psychol Bull*, 34(9), 1159 - 1170.

Erez, A. , Johnson, D. E. , & Judge, T. A. (1995). Self - deception as a mediator of the relationship between dispositions and subjective well - being. *Personality & Individual Differences*, 19(5), 597 - 612.

Fan, W. , Yang, B. , Liu, J. , & Fu, X. (2017). Self - deception: For adjusting individual psychological states. *Advances in Psychological Science*, 25(8), 1349. doi: 10.3724/sp.j.1042.2017.01349.

Fan, W. , Zhong, Y. , Li, H. , Meng, C. , You, C. , & Fu, X. (2016). The influence of self - control in the perceived of deception and deception. *Acta Psychologica Sinica*, 48(7), 845. doi: 10.3724/sp.j.1041.2016.00845.

Farrow, T. F. , Burgess, J. , Wilkinson, I. D. , & Hunter, M. D. (2015). Neural correlates of self - deception and impression - management. *Neuropsychologia*, 67, 159 - 174. doi: 10.1016/j.neuropsychologia.2014.12.016.

Fazio, R. H. , & Olson, M. A. (2003). Implicit measures in social cognition. research: their meaning and use. *Annual Review of Psychology*, 54(1), 297 - 327.

Fong, C. J. , Patall, E. A. , Vasquez, A. C. , & Stautberg, S. (2018). A Meta - Analysis of Negative Feedback on Intrinsic Motivation. *Educational Psychology Review*, 31(1), 121 - 162. doi: 10.1007/s10648 - 018 - 9446 - 6.

Ford, C. V. (2004). Lying and self - deception in health and disease. In I. Nyklíček,

L. Temoshok, A. Vingerhoets, I. Nyklíček, L. Temoshok, & A. Vingerhoets (Eds.), *Emotional expression and health: Advances in theory, assessment and clinical applications.* New York, NY, US: Brunner – Routledge.

Foster, B. (1985). VITAL LIES, SIMPLE TRUTHS: THE PSYCHOLOGY OF SELF-DECEPTION (Book). *Humanist*, 45(6), 35 – 35.

Fournier, F., & Festa – Bianchet, M. (1995). Social dominance in adult female mountain goats. *Animal Behaviour*, 49 (6), 1449. doi: 10. 1016/0003 – 3472 (95) 90066 – 7.

Francesca, G., & Dan, A. (2012). The dark side of creativity: original thinkers can be more dishonest. *Journal of Personality and Social Psychology*, 102(3), 445 – 459.

Frost, C., Arfken, M., & Brock, D. W. (2001). The psychology of self – deception as illustrated in literary characters. Biochemical Pharmacology, 37 (9), 1799 – 1800.

Fuxjager, M. J., & Marler, C. A. (2010). How and why the winner effect forms: influences of contest environment and species differences. *Behavioral Ecology*, 21 (1), 37 – 45.

Gazzaniga, M. (1997). Why can't I control my brain? *Aspects of conscious experience* (pp. 68 – 79).

Gervais, S., Heaton, J. B., & Odean, T. (2002). The positive role of overconfidence and optimism in investment policy. *Working paper*, University of Pennsylvania.

Gino, F., & Pierce, L. (2009). The abundance effect: Unethical behavior in the presence of wealth. *Organizational Behavior and Human Decision Processes*, 109(2), 142 – 155.

Gino, F., Schweitzer, M. E., Mead, N. L., & Dan, A. (2011). Unable to resist temptation: How self – control depletion promotes unethical behavior. *Organizational Behavior & Human Decision Processes*, 115(2), 191 – 203.

Goffman, E. E. (2009). The Presentation of Self In Everyday Life. *Threepenny Review*, 21(116), 14 – 15.

Goldsmith, F. (1989). Positive Illusions: Creative Self - Deception and the Heathy Mind(Book). *Library Journal*, 114(14), 209 - 209.

Gorelik, G., & Shackelford, T. K. (2011). Culture of deception. *Behavioral & Brain Sciences*, 34(1), 24 - 25.

Greenwald, A. G. (1980). The Totalitarian Ego Fabrication and Revision of Personal History. *American Psychologist*, 35(7), 603 - 618.

Greenwald, A. G. (1997). Self - knowledge and self - deception: Further consideration. *The Mythomanias: The Nature of Deception and Self - deception*, 51 - 71.

Gur, R. C., & Sackeim, H. A. (1979). Self - deception: A concept in search of a phenomenon. *Journal of Personality and Social Psychology*(37), 147 - 169.

Hagedorn, J. W. (1996). Happiness and self - deception: An old question examined by a new measure of subjective well - being. *Social Indicators Research*, 38(2), 139 - 160.

Hagmayer, Y., & Sloman, S. A. (2009). Decision Makers Conceive of Their Choices as Interventions. *Journal of Experimental Psychology: General*, 138(1), 22 - 38.

Haight, M. R. (1980). *A study of self deception*: Humanities Press.

Hancock, J. T., Toma, C., & Ellison, N. (2007). *The truth about lying in online dating profiles*. Paper presented at the Conference on Human Factors in Computing Systems, CHI 2007, San Jose, California, Usa, April 28 - May.

Hattie, J., & Timperley, H. (2007). The Power of Feedback. *Review of Educational Research*, 77(1), 81 - 112. https://doi.org/10.3102/003465430298487.

Haub, C. (2011). Steven Pinker, The Better Angels of Our Nature: Why Violence Has Declined. *Population & Development Review*, 38(1), 168 - 169.

Hildebrand, M., Wibbelink, C. J. M., & Verschuere, B. (2018). Do impression management and self - deception distort self - report measures with content of dynamic risk factors in offender samples? A meta - analytic review. *International Journal of Law and Psychiatry*, 58, 157 - 170. https://doi.org/10.1016/j.ijlp.2018.02.013.

Hofmann, W., Gawronski, B., Gschwendner, T., Huy Le, & Schmitt, M. (2005). A

Meta – Analysis on the Correlation Between the Implicit Association Test and Explicit Self – Report Measures. *Personality & Social Psychology Bulletin*, 31 (10), 1369 – 1385. https://doi.org/10.1177/0146167205275613.

Hrgović, J., & Hromatko, I. (2019). Self – deception as a function of social status. *Evolutionary Behavioral Sciences*, 13 (3), 223 – 234. https://doi.org/10.1037/ebs0000143.

Hrgović, J., & Hromatko, I. (2019). Self – deception as a function of socialstatus. *Evolutionary Behavioral Sciences*, 13 (3), 223 – 234. https://doi.org/10.1037/ebs0000143.

Hsu, Y., Earley, R. L., & Wolf, L. L. (2006). Modulation of aggressive behavior by fighting experience: Mechanisms and contest outcomes. *Biological Reviews*, 81 (1), 33 – 74.

Hui Jing Lu, & Lei Chang. (2014). Deceiving Yourself to Better Deceive High – Status Compared to Equal – Status Others. *Evolutionary Psychology*, 12(3), 635 – 654. https://doi.org/10.1177/147470491401200310.

Hyman, R. (1989). The Psychology of Deception. *Annual Review of Psychology*, 40 (1), 133 – 154.

Jamner, L. D., & Schwartz, G. E. (1986). Self – deception predicts self – report and endurance of pain. *Psychosomatic Medicine*, 48(3 – 4), 211 – 223.

Johnson, D. D. P. (2004). *Overconfidence and war: The havoc and glory of positive illusions*: Cambridge, United Kingdom: Harvard University Press.

Johnson, D. D. P., & Fowler, J. H. (2011). The evolution overconfidence. *Nature*, 477(7364), 317 – 320. https://doi.org/10.1038/nature10384.

Johnson, E. A., Vincent, N., & Ross, L. (1997). Self – Deception versus Self – Esteem in Buffering the Negative Effects of Failure*Journal of Research in Personality*, 31(3), 385 – 405.

Johnson – Laird, P. N., Girotto, V., & Legrenzi, P. (2004). Reasoning from inconsistency to consistency. *Psychological Review*, 111(3), 640 – 661.

Jopling, D. A. (1996). 'Take away the life – lie…': Positive illusions and creative self – deception. *Philosophical Psychology*, 9 (4), 525. doi: 10. 1080/09515089608573198.

Jordan, M. (2019). Secondary self – deception. *Ratio*, 32(2), 122 – 130. doi: 10. 1111/rati. 12235.

Kieffer, S. M., & Sloan Iii, J. J. (2009). Overcoming Moral Hurdles: Using Techniques of Neutralization by White – Collar Suspects as an Interrogation Tool. *Security Journal*, 22(4), 317 – 330. doi: 10. 1057/palgrave. sj. 8350087.

Krebs, D. L., & Denton, K. (1997). Social illusions and self – deception: The evolution of biases in person perception. *Evolutionary social psychology*, 21 – 48.

Kulhavy, R. W. (1977). Feedback in Written Instruction. *Review of Educational Research*, 47(2), 211 – 232.

Kunda, Z., (1990). The case for motivated reasoning. *Psychological Bulletin*, 108 (3), 480 – 498.

Kuntz, J., & Dehlin, E. (2019). Friend and foe? Self – deception in organisations. *Journal of Management Development*, 38(2), 130 – 140. doi: 10. 1108/JMD – 04 – 2018 – 0122.

Kuntz, J., & Dehlin, E. (2019). Friend and foe? Self – deception in organisations. *Journal of Management Development*, 38(2), 130 – 140. doi: 10. 1108/JMD – 04 – 2018 – 0122.

Kurzban, R. (2010). *Why everyone (else) is a hypocrite: Evolution and the modular mind*. Princeton, NJ, US: Princeton University Press.

Lakin, J. L., Chartrand, T. L., & Arkin, R. M. (2008). I am too just like you: nonconscious mimicry as an automatic behavioral response to social exclusion. *Psychological Science*, 19(8), 816 – 822.

Lamba, S., & Nityananda, V. (2014). Self – Deceived Individuals Are Better at Deceiving Others. *PLoS ONE*, 9(8), 1 – 6. https://doi.org/10.1371/journal.pone.0104562.

Lauria, F., Preissmann, D., & Clément, F. (2016). Self – deception as affective coping An empirical perspective on philosophical issues. *Consciousness and Cogni-*

tion: *An International Journal*,41,119 – 134. doi:10. 1016/j. concog. 2016. 02. 001.

Lee,A. Y. (2002). Effects of Implicit Memory on Memory – Based Versus Stimulus – Based Brand Choice. *Journal of Marketing Research*,39(4),440 – 454.

Lee,T. M. C. ,Au,R. K. C. ,Ho – Ling,L. ,Ting,K. H. ,Chih – Mao,H. ,& Chan, C. C. H. (2009). Are errors differentiable from deceptive responses when feigning memory impairment? An fMRI study. *Brain & Cognition*, 69 (2), 406 – 412.

Lee,T. M. C. ,Ho – Ling,L. ,Chan,C. C. H. ,Yen – Bee,N. ,Fox,P. T. ,& Jia – Hong,G. (2005). Neural correlates of feigned memory impairment. *Neuroimage*, 28(2),305 – 313.

Leeuwen,D. S. N. V. (2007). The Spandrels of Self – Deception: Prospects for a Biological Theory of a Mental Phenomenon. *Philosophical Psychology*,20(3),329 – 348.

Levine,T. R. ,Park,H. S. ,& McCornack,S. A. (1999). Accuracy in detecting truths and lies: Documenting the "veracity effect". *Communications Monographs*,66 (2),125 – 144 %@ 0363 – 7751.

Levine,T. ,Mccornack,S. ,& Park,H. (2011). Deception research at Michigan State University. *American Green Class*.

Li,A. ,& Bagger,J. (2010). Using the BIDR to Distinguish the Effects of Impression Management and Self – Deception on the Criterion Validity of Personality Measures: A Meta – Analysis. *International Journal of Selection & Assessment*, 14 (2),131 – 141.

Li,K. ,Szolnoki,A. ,Cong,R. ,& Wang,L. (2016). The coevolution of overconfidence and bluffing in the resource competition game. *Scientific Reports*, 6, 21104. doi:10. 1038/srep21104.

Linton,D. K. ,& Wiener,N. I. (2001). Personality and potential conceptions: Mating success in a modern Western male sample. *Personality and Individual Differences* 31(5),675 – 688.

Liu, J., Zhang, W., Zhan, Y., Song, L., Guan, P., Kang, D., Jian, J., Cai, R., & Li, M. (2019). The Effect of Negative Feedback on Positive Beliefs inSelf - Deception. *Frontiers in Psychology*, 10, 702. https://doi.org/10.3389/fpsyg.2019.00702.

Lockard, J. S. a. P., D. L. (eds.). (1988). *self - deception: A adaptive mechanism?* Englewood Cliffs: NJ: Prentice - hall.

Lockie, R. (2003). Depth psychology and self - deception. *Philosophical Psychology*, 16(1), 127 - 148.

Lopez, J. K., & Fuxjager, M. J. (2012). Self - deception's adaptive value: effects of positive thinking and the winner effect. *Consciousness and Cognition*, 21(1), 315 - 324. https://doi.org/10.1016/j.concog.2011.10.008.

Lu, H. J., & Chang, L. (2011). The association between self - deception and moral self - concept as functions of self - consciousness. *Personality and Individual Differences*, 51(7), 845 - 849. doi:10.1016/j.paid.2011.07.014.

Lu, H. Y. (2008). Sensation - seeking, Internet dependency, and online interpersonal deception. *Cyberpsychol Behav*, 11(2), 227 - 231. doi: 10.1089/cpb.2007.0053.

Luan, P., Tor, W., Taylor, S. F., & Israel, L. (2002). Functional Neuroanatomy of Emotion: A Meta - Analysis of Emotion Activation Studies in PET and fMRI. *Neuroimage*, 16(2), 331 - 348.

Lynch, K. (2017). An agentive non - intentionalist theory of self - deception. *Canadian Journal of Philosophy*, 47(6), 779 - 798. doi: 10.1080/00455091.2017.1321909.

Lynn, C. D. (2005). Adaptive and Maladaptive Dissociation: An Epidemiological and Anthropological Comparison and Proposition for an Expanded Dissociation Model. *Anthropology of Consciousness*, 16(2), 16 - 49.

Lynn, C. D., Pipitone, R. N., & Keenan, J. P. (2014). To thine own self be false: Self - deceptive enhancement and sexual awareness influences on matingsuccess. *Evolutionary Behavioral Sciences*, 8(2), 109 - 122. https://doi.org/10.

1037/h0097255.

Martin, F., Beaugrand, J. P., & Laguë, P. C. (1997). The role of hen's weight and recent experience on dyadic conflict outcome. *Behavioural Processes*, 41 (2), 139 - 150.

Martínez - González, J. M., López, R. V., Iglesias, E. B., & Verdejo - García, A. (2016). Self - deception as a mechanism for the maintenance of drug addiction. *Psicothema*, 28(1), 13 - 19.

Mazar, N., Amir, O., & Dan, A. (2008). The Dishonesty of Honest People: A Theory of Self - Concept Maintenance. *Journal of Marketing Research*, 45 (6), 633 - 644.

Mccornack, S. A., & Parks, M. R. (1986). Deception Detection and Relationship Development: The Other Side of Trust. *Annals of the International Communication Association*, 9(1), 377 - 389.

McKay, R., Langdon, R., & Coltheart, M. (2005). "Sleights of mind": Delusions, defences, and self - deception. *Cognitive Neuropsychiatry*, 10 (4), 305 - 326. doi:10.1080/13546800444000074.

McKay, R., Langdon, R., & Coltheart, M. (2007). The defensive function of persecutory delusions: An investigation using the Implicit Association Test. *Cognitive Neuropsychiatry*, 12(1), 1 - 24. doi:10.1080/13546800500363996.

Mead, N. L., Baumeister, R. F., Gino, F., Schweitzer, M. E., & Dan, A. (2009). Too tired to tell the truth: Self - control resource depletion and dishonesty. *Journal of Experimental Social Psychology*, 45(3), 594 - 597.

Mele, A. R. (1988). *Irrationality: An essay on akrasia, self - deception, self - control.* New York: NY: Oxford University Press.

Mele, A. R. (2001). *Self - deception unmasked.* Cambridge: United Kingdom: Cambridge University Press.

Mercier, H., & Sperber, D. (2011). Why do humans reason? Arguments for an argumentative theory. *Behav Brain Sci*, 34(2), 57 - 74; discussion 74 - 111. doi:10.1017/S0140525X10000968.

Michikyan, M., Subrahmanyam, K., & Dennis, J. (2014). Can you tell who I am? Neuroticism, extraversion, and online self - presentation among young adults. *Computers in Human Behavior*, 33(2), 179 - 183.

Mijovic - Prelec, D., & Prelec, D. (2010). Self - deception as self - signalling: a model and experimental evidence. *Philos Trans R Soc Lond B Biol Sci*, 365 (1538), 227 - 240. doi: 10.1098/rstb.2009.0218.

Mitchell, J. (2000). Living a Lie: Self - Deception, Habit, and Social Roles. *Human Studies*, 23(2), 145 - 156.

Moomal, Z., & Henzi, S. (2000). The Evolutionary Psychology of Deception and Self - Deception. *South African Journal of Psychology*, 30, 45 - 51. doi: 10.1177/008124630003000307.

Moran, S., & Schweitzer, M. E. (2010). When Better Is Worse: Envy and the Use of Deception. *Negotiation & Conflict Management Research*, 1(1), 3 - 29.

Morris, M. W., Sim, D. L. H., & Girotto, V. (1998). Distinguishing sources of cooperation in the one - round prisoner's dilemma: Evidence for. *Journal of Experimental Social Psychology*, 34 (5), 494. https://doi.org/10.1006/jesp.1998.1361.

Murray, S. L., & Holmes, J. G. (1997). A leap of faith? Positive illusions in romanticrelationships. *Personality & Social Psychology Bulletin*, 23 (6), 586. https://doi.org/10.1177/0146167297236003.

Nisbett, R. E., & Wilson, T. D. (1977). Telling more than we can know: Verbal reports on mental processes. *Psychological Review*, 84 (3), 231 - 259. doi: 10.1037/0033 - 295X.84.3.231.

Norenzayan, A., & Nisbett, R. E. (2000). Culture and Causal Cognition. *Current Directions in Psychological Science*, 9(4), 132 - 135.

Norton, M. I. (2009). "I read Playboy for the articles": Justifying and rationalizing questionable preferences. *Harvard Business Review*.

Norton, M. I., Vandello, J. A., & Darley, J. M. (2004). Casuistry and social category bias. *Journal of Personality & Social Psychology*, 87(6), 817 - 831.

Nosek, B. A. , Smyth, F. L. , Hansen, J. J. , Devos, T. , Lindner, N. M. , Ranganath, K. A. , . . . Greenwald, A. G. (2007). Pervasiveness and correlates of implicit attitudes and stereotypes. *European Review of Social Psychology*, 18(1), 36 – 88.

Oyegbile, T. O. , & Marler, C. A. (2005). Winning fights elevates testosterone levels in California mice and enhances future ability to win fights. *Hormones & Behavior*, 48(3), 259 – 267.

Paglione, N. L. (2010). Self – deception, self – esteem, and narcissism in batterers: The relationship between self – perceptions and time in treatment. (Order No. 3430247, University of La Verne). *ProQuest Dissertations and Theses*, 103. Paluch, S. (1967). Self – deception. Inquiry(10), 268 – 278.

Paulhus, D. (2002). Social desirable responding: The evolution of a construct. *The role of constructs in psychological and education measurement*.

Paulhus, D. L. (1984). Two – component models of socially desirable responding. *Journal of Personality & Social Psychology*, 46(3), 598 – 609.

Paulhus, D. L. , & John, O. P. (1998). Egoistic and Moralistic Biases in Self – Perception: The Interplay of Self – Deceptive Styles With Basic Traits and Motives. *Journal of Personality*, 66(6), 1025 – 1060.

Peter, S. , & Joël, v. d. W. (2019). Deception and self – deception. *Nature human behaviour*.

Philip M. Fernbach, Y. H. , Steven A. Sloman. (2014). Effort denial in self – deception. *Organizational Behavior and Human Decision Processes*, 123(1), 1 – 8.

Pinker, S. (2011). Representations and decision rules in the theory of self – deception. *Behavioral and Brain Sciences*, 34(01), 35 – 37.

Politzer, G. , & Carles, L. (2001). Belief revision and uncertain reasoning. *Thinking & Reasoning*, 7(3), 217 – 234.

Pompili, M. , Serafini, G. , Innamorati, M. , Lester, D. , Shrivastava, A. , Girardi, P. , & Nordentoft, M. (2011). Suicide risk in first episode psychosis: a selective review of the current literature. *Schizophrenia Research*, 129(1), 1 – 11. doi: 10.1016/j. schres. 2011. 03. 008.

Pongs, K. (2018). *The influence that dissonance reduction, instinctive self - deception and the imagination have on understanding concepts: A resolution through Carl Jung's active imagination and clay modeling.* (79), ProQuest Information & Learning. Pongs, K. (2018). The influence that dissonance reduction, instinctive self - deception and the imagination have on understanding concepts: A resolution through carl jung's active imagination and clay modeling. *ProQuest Dissertations and Theses*, 102.

Pratto, F., & Stewart, A. L. (2011). Social dominance theory. *The Encyclopedia of Peace Psychology*. Princeton: NJ: Princeton University Press.

Pyszczynski, T., & Greenberg, J. (1987). Self - regulatory perseveration and the depressive self - focusing style: a self - awareness theory of reactive depression. *Psychological Bulletin*, 102(1), 122 - 138.

Quattrone, G. A., & Tversky, A. (1984). Causal versus diagnostic contingencies: On self - deception and on the voter's illusion. *Journal of Personality & Social Psychology*, 46(2), 237 - 248.

Raftery, J. N., & Bizer, G. Y. (2009). Negative feedback and performance: The moderating effect of emotion regulation. *Personality and Individual Differences*, 47 (5), 481 - 486. doi:10.1016/j.paid.2009.04.024.

Ren, M., Zhong, B., Fan, W., Dai, H., Yang, B., Zhang, W., Yin, Z., Liu, J., Li, J., & Zhan, Y. (2018). The Influence of Self - Control and Social Status on Self - Deception. *Frontiers in Psychology*, 9, 1256. https://doi.org/10.3389/fpsyg.2018.01256.

Rettinger, D. A. (2017). The Role of Emotions and Attitudes in Causing and Preventing Cheating. *Theory Into Practice*, 56(2), 103 - 110. doi:10.1080/00405841.2017.1308174.

Rettinger, D. A. (2017). The Role of Emotions and Attitudes in Causing andPreventing Cheating. *Theory Into Practice*, 56(2), 103 - 110. doi:10.1080/00405841.2017.1308174.

Robins, R. W., Hendin, H. M., & Trzesniewski, K. H. (2001). Measuring global self – esteem: Construct validation of a single – item measure and the Rosenberg Self – Esteem Scale. *Personality and social psychology bulletin*, 27 (2), 151 –161.

Rorty, A. O. (1994). User – friendly self – deception. *Philosophy*, 69 (268), 211. doi: 10.1017/S0031819100046854.

Sackeim, H. A. (1988). *Self – Deception: A synthsis*. Englewood Cliffs: Prentice – Hall.

Sackeim, H. A., & Gur, R. C. (1978). *Self – Deception, Self – Confrontation, and Consciousness*: Springer US.

Schwieren, C., & Weichselbaumer, D. (2010). Does competition enhance performance or cheating? A laboratory experiment. *Journal of Economic Psychology*, 31 (3), 241 –253. doi: 10.1016/j.joep.2009.02.005.

Sedikides, C., & Strube, M. J. (1997). Self – Evaluation: To Thine Own Self Be Good, To Thine Own Self Be Sure, To Thine Own Self Be True, and To Thine Own Self be Better. *Advances in Experimental Social Psychology*, 29 (08), 209 – 269.

Seiffert – Brockmann, J., & Thummes, K. (2017). Self – deception in public relations. A psychological and sociological approach to the challenge of conflicting expectations. *Public Relations Review*. doi: 10.1016/j.pubrev.2016.12.006.

Seiffert – Brockmann, J., & Thummes, K. (2017). Self – deception in public relations. A psychological and sociological approach to the challenge of conflicting expectations. *Public Relations Review*, 43 (1), 133 – 144. https://doi.org/10.1016/j.pubrev.2016.12.006.

Sheridan, Z., Boman, P., Mergler, A., & Furlong, M. J. (2015). Examining well – being, anxiety, and self – deception in university students. *Cogent Psychology*, 2 (1), 1 – N. PAG. https://doi.org/10.1080/23311908.2014.993850.

Shu, L. L., Gino, F., & Bazerman, M. H. (2011). Dishonest Deed, Clear Conscience: When Cheating Leads to Moral Disengagement and Motivated Forgetting. *Personality & Social Psychology Bulletin*, 37 (3), 330 – 349. https://doi.org/10.

1177/0146167211398138.

Shu, L. L., Nina, M., Francesca, G., Dan, A., & Bazerman, M. H. (2012). Signing at the beginning makes ethics salient and decreases dishonest self – reports in comparison to signing at the end. *Proceedings of the National Academy of Sciences of the United States of America*, 109(38), 15197 – 15200.

Sims, A. C. (2017). Can anosognosia for hemiplegia be explained as motivated self – deception? *Review of Philosophy and Psychology*, 8(2), 337 – 353. doi: 10. 1007/s13164 – 016 – 0307 – 2.

Sintov, N., Dux, E., Tran, A., & Orosz, M. (2016). What Goes on behind Closed Doors? How College Dormitory Residents Change to Save Energy during a Competition – Based Energy Reduction Intervention. *International Journal of Sustainability in Higher Education*, 17(4), 451 – 470.

Sirvent, C., Herrero, J., Moral, M. de la V., & Rodríguez, F. J. (2019). Evaluation of self – deception: Factorial structure, reliability and validity of the SDQ – 12 (self – deception questionnaire). *PLoS ONE*, 14(01), 1 – 10. https://doi.org/10.1371/journal.pone.0210815.

Sloman, S. A., & York, H. (2006). The causal psycho – logic of choice. *Trends in Cognitive Sciences*, 10(9), 407 – 412.

Sloman, S. A., Fernbach, P. M., & Hagmayer, Y. (2010). Self – Deception Requires Vagueness. *Cognition*, 115(2), 268 – 281.

Smith, M. K., Trivers, R., & von Hippel, W. (2017). Self – deception facilitates interpersonal persuasion. *Journal of Economic Psychology*, 63, 93 – 101. doi: 10. 1016/j.joep.2017.02.012.

Solomon, R. C. (1996). Self, deception, and self – deception in philosophy. *Self and Deception: A Cross – Cultural Philosophical Enquiry*.

Starek, J. E. K. C. F. (1991). Self – Deception and Its Relationship to Success in Competition. *Basic & Applied Social Psychology*, 12(2), 145 – 155.

Steinel, W., & De, Dreu, CK. (2004). Social motives and strategic misrepresentation in social decision making. *Journal of Personality & Social Psychology*, 86(3),

419 -434.

Tang, H. , Wang, S. , Liang, Z. , Sinnott - Armstrong, W. , Su, S. , & Liu, C. (2018). Are Proselfs More Deceptive and Hypocritical? Social Image Concerns inAppearing Fair. *Frontiers in Psychology*, 9, 2268. https://doi.org/10.3389/fpsyg.2018.02268.

Tang, H. , Ye, P. , Wang, S. , Zhu, R. , Su, S. , Tong, L. , & Liu, C. (2017). Stimulating the Right Temporoparietal Junction with tDCS Decreases Deception in MoralHypocrisy and Unfairness. *Frontiers in Psychology*, 8, 2033. doi: 10.3389/fpsyg.2017.02033.

Taylor, S. E. (1990). Positive Illusions: Creative Self - Deception and the Healthy Mind. *Journal of the American Medical Association*, 35(11), 1849 - 1850.

Taylor, S. E. , & Armor, D. A. (1996). Positive Illusions and Coping with Adversity. *J Pers*, 64(4), 873 -898.

Taylor, S. E. , & Brown, J. D. (1988). Illusion and well - being: a social psychological perspective on mental health. *Psychological Bulletin*, 103(2), 193 -210.

Taylor, S. E. , & Brown, J. D. (1989). *Positive illusions: Creative selfdeception and the healthy mind*. New York, : NY: Basic Books.

Taylor, S. E. , & Brown, J. D. (1994). Positive illusions and well - being revisited: Separating fact from fiction. *Psychological Bulletin*, 116(1), 21 - 27. doi: 10.1037/0033 -2909.116.1.21.

Tenbrunsel, A. E. , & Messick, D. M. (2004). Ethical Fading: The Role of Self - Deception in Unethical Behavior. *Social Justice Research*, 17(2), 223 - 236. doi: 10.1023/b: sore.0000027411.35832.53.

Triandis, H. C. (2009). *Fooling ourselves: Self - deception in politics, religion, and terrorism*. Conn: Praeger Publishers.

Trivers, R. (1985). Social evolution. *Quarterly Review of Biology*, 6(3), 236 -241.

Trivers, R. (2000). The Elements of a Scientific Theory of Self - Deception. *Annals of the New York Academy of Sciences*, 907, 114 - 131. https://doi.org/10.1111/j.1749 -6632.2000.tb06619.x.

Trivers. (1985). *Social evolution.* Menlo Park: CA: Benjamin /Cummings.

Trivers. (2010). *Deceit and Self – Deception*: Springer Berlin Heidelberg.

Tsang, J. – A. (2002). Moral Rationalization and the Integration of Situational Factors and Psychological Processes in Immoral Behavior. *Review of General Psychology*, 6, 25 – 50. doi: 10. 1037//1089 – 2680. 6. 1. 25

Turk, M. (2012). The Folly of Fools: The Logic of Deceit and Self – Deception in Human Life edited by Robert Trivers. 47(3), 650 – 652.

Uziel, L., & Cohen, B. (2020). Self – deception and discrepancies in self – evaluation. *Journal of Research in Personality*, 88, 104008. doi: 10. 1016/j. jrp. 2020. 104008.

Valkenburg, P. M., Peter, J., & Schouten, A. P. (2006). Friend networking sites and their relationship to adolescents' well – being and social self – esteem. *Cyberpsychol Behav*, 9(5), 584 – 590. doi: 10. 1089/cpb. 2006. 9. 584.

van der Leer, L., & McKay, R. (2017). The optimist within? Selective sampling and self – deception. *Consciousness & Cognition*, 50, 23 – 29. https://doi. org/10. 1016/j. concog. 2016. 07. 005.

Vecina, M. L. (2018). How can men convicted of violence against women feel moral while holding sexist and violent attitudes? A homeostatic moral model based on self – deception. *American Journal of Men's Health*, 12(5), 1554 – 1562. doi: 10. 1177/1557988318774218.

Vecina, M. L., Chacón, F., & Pérez – Viejo, J. M. (2016). Moral absolutism, self – deception, and moral self – concept in men who commit intimate partner violence: A comparative study with an opposite sample. *Violence Against Women*, 22 (1), 3 – 16. doi: 10. 1177/1077801215597791.

Vogeley, K., May, M., Ritzl, A., Falkai, P., Zilles, K., & Fink, G. R. (2004). Neural Correlates of First – Person Perspective as One Constituent of Human Self – Consciousness. *Cognitive Neuroscience Journal of*, 16(5), 817 – 827.

Vohs, K. D., Mead, N. L., & Goode, M. R. (2006). The psychological consequences of money. *Science*, 314(5802), 1154 – 1156. doi: 10. 1126/science. 1132491.

von Hippel, W., & Trivers, R. (2011). The evolution and psychology of self – deception. *The Behavioral and Brain Sciences*, 34 (1), 1 – 16. https://doi.org/10.1017/S0140525X10001354.

Walther, J. B. (2007). Selective self – presentation in computer – mediated communication: Hyperpersonal dimensions of technology, language, and cognition. *Computers in Human Behavior*, 23 (5), 2538 – 2557. doi: 10.1016/j.chb.2006.05.002.

Wang, Z. J., Gao, L. P., Huang, W. D., Deng, J. F., Wang, F., Marxism, S. O., … University, Z. (2018). Relationship between self – deception and procrastination of college students: the mediating effect of self – esteem. *Modern Preventive Medicine*.

Wegner, D. M. (2002). *The illusion of conscious will*. Cambridge, MA: MIT Press.

Weinstein, N. D. (1980). Unrealistic optimism about future life events. *Journal of Personality and Social Psychology*, 39(5), 806.

Wilson, T. D., Lindsey, S., & Schooler, T. Y. (2000). A model of dual attitudes. *Psychological Review*, 107(1), 101 – 126.

Wrangham, R. (1999). Is military incompetence adaptive?. Evolution & Human Behavior, 20(1), 3 – 17.

Yee, N., Bailenson, J. N., & Ducheneaut, N. (2009). The Proteus Effect: Implications of Transformed Digital Self – Representation on Online and Offline Behavior. *Communication Research*, 36 (2), 285 – 312. doi: 10.1177/0093650208330254.

Yukiko, U., & Shinobu, K. (2009). Happiness and unhappiness in east and west: themes and variations. *Emotion*, 9(4), 441.

Zhan, Y., Xiao, X., Tan, Q., Zhang, S., Ou, Y., Zhou, H., Li, J., & Zhong, Y. (2019). Influence of Self – Relevance and Reputational Concerns on Altruistic Moral Decision Making. *Frontiers in Psychology*, 10, 2194. https://doi.org/10.3389/fpsyg.2019.02194.

Zhong, C. B., Bohns, V. K., & Gino, F. (2010). Good lamps are the best police:

darkness increases dishonesty and self - interested behavior. *Psychological Science*,21(3),311 -314.

陈菲.(2015).The Reliability and Validity of the Chinese Version of the Revised - Positive version of Rosenberg Self - Esteem Scale. *Advances in Psychology*,05(09),531 -535. doi:10.12677/ap.2015.59068.

陈少华,曾毅.(2014).人格的自我知识:准确性及其限度.华东师范大学学报(教育科学版),32(3),78 -83.

陈芸,钟毅平.(2013).大学生的内隐自我正面偏见及其增强.中国临床心理学杂志,21(03),368 -371.

范伟,杨博,刘娟,傅小兰.(2017).自我欺骗:为了调节个体心理状态.心理科学进展,25(08),1349 -1359.

范伟,钟毅平,李慧云,孟楚熠,游畅,傅小兰.(2016).欺骗判断与欺骗行为中自我控制的影响.心理学报,48(07),845 -856.

胡绍元,王岚,李红波.(2006).高校学生考试作弊的形式、成因及对策.黑龙江教育(高教研究与评估)(04),80 -82.

黄捷,李昊,吴艳红.(2007).压抑者对情绪和非情绪自传体记忆的提取诱发遗忘.心理科学(06),1372 -1378 +1371.

李佳川,唐金根,丛向辉.(2011).竞争性情景锻炼对大学生自卑感干预的个案实验研究.吉林体育学院学报(6),12 -14.

李强,徐晟,李凌,黄艳,徐旻.(2012).心理健康素质测评系统·中国成年人多维社会赞许性量表的编制.心理与行为研究,10(04),255 -261 +288.

李艺敏,孔克勤.(2007).自我欺骗的心理学研究现状.第十一届全国心理学学术会议,中国河南开封.

陆慧菁.(2012).自我欺骗:通过欺骗自己更好地欺骗他人.心理学报,44,1265 -1278.

蒲小波.(2009).自我欺骗、自尊与情绪自传体记忆的关系研究.首都师范大学学报(社会科学版)(4),56 -62.

丘文福,陈志勇.(2017)."95 后"大学生社交媒体自我呈现对其幸福感的影响.宁波大学学报(教育科学版)(5),13 -18.

任梦梦.(2020).反馈对自我欺骗的影响.(硕士学位论文),湖南师范大学.Available from Cnki.

任智.(2018).反馈影响前瞻记忆的实验研究(硕士学位论文).上海师范大学.

汤启萍.(2014).“自我欺骗”干预在躁狂症中的影响效应.心理与行为研究(06),857-860.

王英芊,司继伟.(2014).初中生创造性人格与说谎行为的联系:自尊的作用.心理与行为研究,12(2),161-166.

杨群.(2010).因果信念调整中反例信息的解释机制(博士学位论文).西南大学.

杨晓庆,李胜利.(2006).论政府干预市场的两种武器——竞争政策与产业政策的矛盾组合.淮海工学院学报(人文社会科学版),4(2),54-56.

张亭玉,张雨青.(2008).说谎行为及其识别的心理学研究.心理科学进展(04),651-660.

甄育玲.(2011).社会赞许性反应量表的修订.(硕士),湖南师范大学.Available from Cnki.

钟毅平,陈芸,张珊明,杨青松.(2012).内隐自我正面偏见的机制及可变性.心理科学进展,20(12),1908-1919.

钟毅平,陈芸,周路平,周海波.(2010).自我正面偏见的ERP研究.心理科学,33(03),560-563.

钟毅平,陈智勇,罗西,王锡爱,易文婷.(2014).自我肯定对自尊及自我评价的影响.中国临床心理学杂志,22(03),390-393+385.

钟毅平,易文婷.(2013).“过分自信”效应:中学生考试成绩的自我预估.湖南师范大学教育科学学报,12(05),112-117.

钟毅平.(1999).社会认知中的自我及自我表征.西北师大学报(社会科学版),(04),60-64.

朱艳丽,席思思,吴艳红.(2016).自传体叙事中的自我欺骗:个体的自我认同策略.心理科学进展,24(12),1917-1925.

图书在版编目（CIP）数据

自知者明 ：自我欺骗消退的理论与实证研究 / 刘娟著. -- 湘潭 ：湘潭大学出版社，2021.10
ISBN 978-7-5687-0651-3

Ⅰ. ①自… Ⅱ. ①刘… Ⅲ. ①欺骗－自我控制－研究 Ⅳ. ① B824.2

中国版本图书馆 CIP 数据核字（2021）第 203534 号

自知者明 ：自我欺骗消退的理论与实证研究

ZIZHIZHE MING:ZIWO QIPIAN XIAOTUI DE LILUN YU SHIZHENG YANJIU

刘娟 著

责任编辑：吕 花
封面设计：刘 扬
出版发行：湘潭大学出版社
社　　址：湖南省湘潭大学工程训练大楼
电　　话：0731-58298960 0731-58298966（传真）
邮　　编：411105
网　　址：http://press.xtu.edu.cn/
印　　刷：广东虎彩云印刷有限公司
经　　销：湖南省新华书店
开　　本：710 mm×1000 mm 1/16
印　　张：11.25
字　　数：190 千字
版　　次：2021 年 10 月第 1 版
印　　次：2021 年 10 月第 1 次印刷
书　　号：ISBN 978-7-5687-0651-3
定　　价：36.00 元